Die Welt erleben

PARIS

Pour moi, Paris, c'est les beaux jours
Les airs légers, graves ou tendres.
Pour moi, Paris, c'est mes amours
Et mon cœur ne peut se reprendre.

Édith Piaf

Die Welt erleben

PARIS

Romantische Metropole an der Seine

Norbert Kustos
Ernst Wrba
Annette Meisen

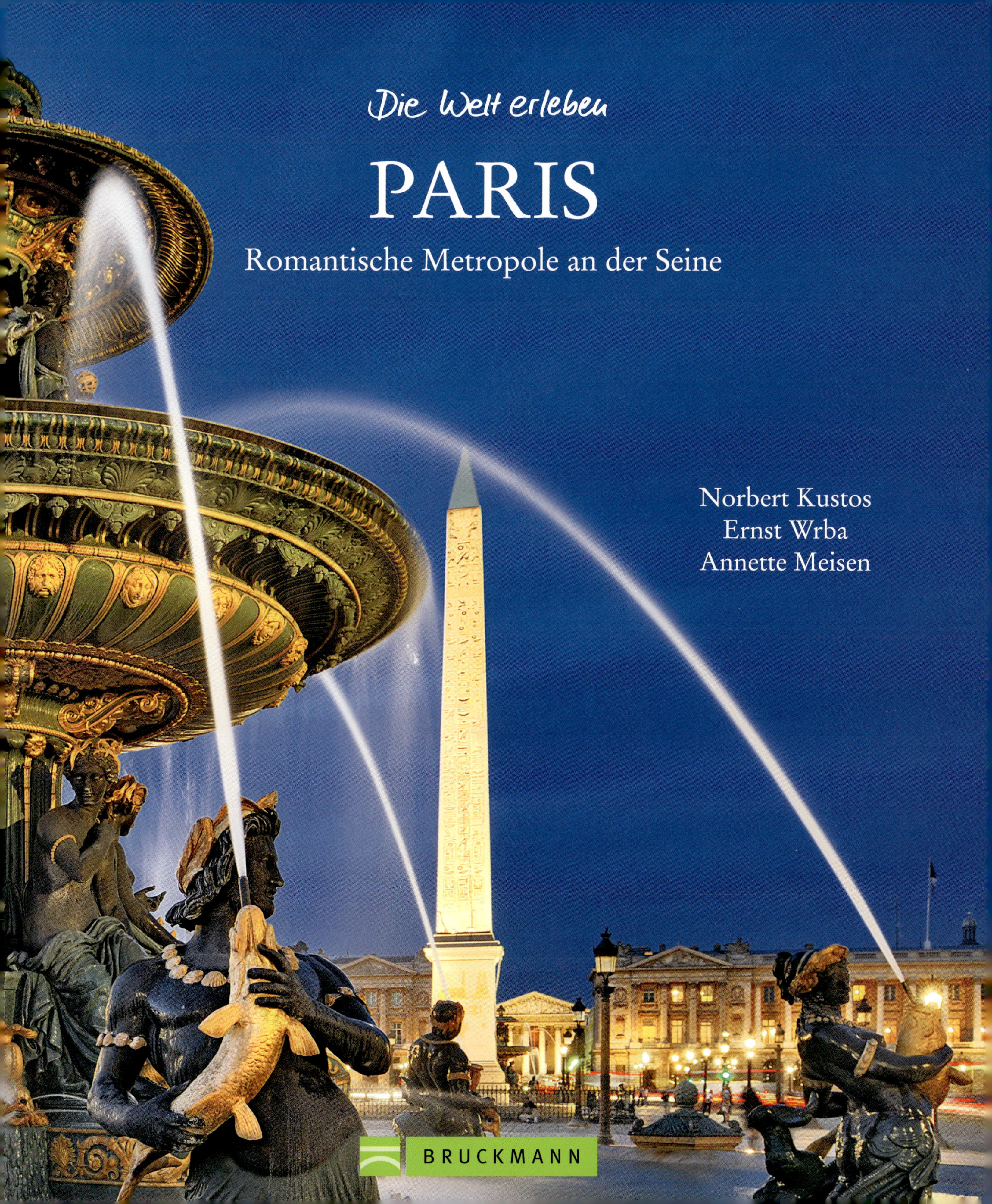

BRUCKMANN

Willkommen in Paris

Die romantische Metropole an der Seine erleben 16

Paris ist unermüdlich im Wandel: Von den Anfängen auf den Flussinseln bis zur kosmopolitischen Metropole von heute ist die französische Hauptstadt ein Ort, an dem es keinen Stillstand gibt. Ein idealer Nährboden für Enfants terribles und kühne Entwürfe!

Von der Île de la Cité zum Quartier Latin – Macht, Glaube, Wissenschaft 28

Conciergerie – Sainte-Chapelle – Notre-Dame – Institut du Monde Arabe – Quartier Latin – Panthéon

Die Île de la Cité ist eine der meistbesuchten Inseln der Welt. Conciergerie und Sainte-Chapelle gelten als die Wiege der französischen Hauptstadt, Notre-Dame als frühes Meisterwerk der französischen Gotik. Und im Quartier Latin versprühen noch immer Eliten und Existenzialisten ihren unverwechselbaren Esprit.

Saint-Germain und Montparnasse – Boulevards der Boheme 44

Jardin du Luxembourg – Saint-Germain-des-Prés – La Butte-aux-Cailles – Musée d'Orsay – Montparnasse

Cafés und Brasserien, in denen Literatur- und Kunstgeschichte geschrieben wurde – das ist das Image von Saint-Germain und Montparnasse. Und auch heute finden die Pariser Feuilletonisten hier immer noch genügend Stoff, denn die Szene lebt an der Rive Gauche.

Vom Louvre zu den Champs-Élysées – die Schokoladenseiten von Paris 60

Champs-Élysées – Place de la Concorde – Place de la Madeleine – Louvre – Place Vendôme

Der Louvre war allen Regierungen großes Engagement wert. Von ihm führen die großen Sichtachsen durch Paris: nach Osten Richtung Bastille, nach Westen über Napoleons Arc de Triomphe hinaus bis zu Mitterrands »Großem Bogen« in La Défense.

Vom Centre Pompidou ins Marais – in der Szene zu Hause 82

Centre Georges Pompidou – Place des Vosges – Marais

Der »Bauch von Paris« wird derzeit als Forum des Halles saniert und umgestaltet. Derzeitige Hauptattraktion ist das Centre Georges Pompidou mit seinen Ausstellungen. Das sich anschließende Marais mit seinem jüdischen Viertel erfreut sicher einer lebendigen, farbenfrohen kulturellen Szene.

Montmartre und die Grands Boulevards – Gegensätze ziehen sich an 96

Lepic-Abbesses – Saint-Pierre-de-Montmartre – Sacré-Cœur – Moulin Rouge – Passagen
Die schneeweiße Basilika Sacré-Cœur krönt Montmartre, und sein »Moulin Rouge«, die »Rote Mühle«, wurde durch die Bilder des Malers Toulouse-Lautrec weltberühmt. Die geheimnisvolle Welt der Passagen ist auch heute noch eine Entdeckung wert.

Von der Bastille bis zum neuen Paris-Rive-Gauche – Entdeckungen im Osten 112

Bastille – Port Plaisance de Arsenal – Parc des Buttes-Chaumont – Belleville – Père-Lachaise – Paris-Rive-Gauche
Den Parc des Buttes-Chaumont verdanken die Bürger Napoleon III., der mehr Natur und frische Luft wünschte. Die Bastille-Oper hingegen ist Ergebnis der großen Stadtplanungen Mitterrands, und auch den Erneuerungsprozess des Viertels zwischen der alten Gare d'Austerlitz und der Péripherique leitete der Präsident mit seiner Bibliothèque François Mitterrand ein.

Vom Invalidendom zum 16. Arrondissement – »La Gloire« ist mehr als Ruhm 128

Dôme des Invalides – École Militaire – Eiffelturm – Arc de Triomphe – Neuilly – Auteuil – Passy – Chaillot
Hier ruht der Kaiser – der Invalidendom beherbergt das Mausoleum Napoleons. Nur ein paar Schritte sind es von hier zu Marsfeld und Eiffelturm, über den Pont d'Iéna gelangt man ans rechte Seineufer und ins 16. Arrondissement, dem nobelsten Stadtteil mit moderner Architektur.

Reiseteil 146

Pariser Top Ten – Festivals & Events – Zeittafel – Übernachten & Genießen – Paris von A bis Z

Register 154
Impressum 156

Seite 12/13 *Abends festlich angestrahlt: die Westfassade von Notre-Dame.*
Seite 14/15 *Skulpturen faszinieren die Louvre-Besucher im überdachten Innenhof des Richelieu-Flügels.*

PARIS
N
0
250 m
NEUILLY-SUR-SEINE
Cimetière de Montmartre
Moulin Rouge
Musée de la Romantique
Ste-Trinité
N. D. de Lorette
Gare St-Lazare
Musée Cernuschi
Musée Nissim de Camondo
Musée Jacquemart-André
Parc Monceau
Salle Pleyel
Palais des Congrès
Place de la Porte Maillot
Place du Maréchal Juin
Place des Ternes
Place Charles de Gaulle
Arc de Triomphe
Lido
Bois de Boulogne
Place du Maréchal de Lattre de Tassigny
Place Victor Hugo
Musée Baccarat
CHAILLOT
Musée Guimet
Palais de Tokyo
Théâtre des Champs-Elysées
Palais de l'Élysée
Rond-Point des Champs-Elysées
Madeleine
Pl. de la Madeleine
Opéra Garnier
Place Vendôme
Bibl. Nationale
Grand Palais
Petit Palais
Place de la Concorde
Obélisque
Palais Royal
Musée de l'Orangerie
Comédie-Française
Jardin des Tuileries
Place du Carrousel
Pyramide
Louvre
Jardins du Trocadéro
Palais de Chaillot
Place de la Résistance
Musée du quai Branly
Palais Bourbon
Musée d'Orsay
Musée Marmottan
Eiffelturm
Champ-de-Mars
Place des Invalides
Dôme des Invalides
Hôtel des Invalides
Musée Rodin
Hôtel Matignon
Les Deux Magots
Église de Saint-Germain-des-Prés
ST-GERMAIN-DES-PRÉS
Fondation Le Corbusier
Maison de Balzac
Maison de Radio France
AUTEUIL
Castel Béranger
Statue de la Liberté
École Militaire
UNESCO
Le Bon Marché
St-Sulpice
Palais du Luxembourg
Jardin du Luxembourg
Place de Breteuil
Place Henri Queuille
MONTPARNASSE
Musée Bourdelle
Tour Montparnasse
Gare Montparnasse
Jardin Atlantique
Musée Zadkine
Cimetière du Montparnasse
Place de Catalogne
Place Denfert-Rochereau
Les Catacombes
Parc Georges Brassens
Seine
Les Sablons
Porte Maillot
Ternes
Courcelles
Monceau
Villiers
Rome
Pl. de Clichy
Blanche
Pigalle
St-Augustin
St-Lazare
Havre-Caumartin
Chaussée d'Antin
Miromesnil
St-Philippe du Roule
Ch. de Gaulle Étoile
George V
Porte Dauphine
Victor Hugo
Franklin D. Roosevelt
Champs-Élysées Clemenceau
Madeleine
Opéra
Concorde
Pyramides
Tuileries
Pal. Royal M. du Louvre
Alma Marceau
Iéna
Trocadéro
Assemblée Nationale
La Muette
Jasmin
Rue du Bac
Sèvres Babylone
Odéon
La Motte-Picquet Grenelle
Ségur
Duroc
Michel-Ange Molitor
Mirabeau
Av. Émile Zola
Javel-André Citroën
Falguière
Montparnasse Bienvenüe
Pasteur
Vaugirard
Convention
Porte de Versailles
Bd. Berthier
Boulevard Pereire Nord
Boulevard Pereire Sud
Rue Legendre
Boulevard Bineau
Boulevard Gouvion St-Cyr
Avenue de Villiers
Rue Cardinet
Boulevard Malesherbes
Av. de Clichy
Bd. de Clichy
Boulevard des Batignolles
Rue d'Amsterdam
Rue de Clichy
Rue Blanche
Avenue du Roule
Avenue Charles de Gaulle
Boulevard Maurice Barrès
Bd. Maillot
Avenue des Ternes
Avenue de Wagram
Boulevard de Courcelles
Avenue Carnot
Av. Mac Mahon
Avenue Hoche
Rue du Faubourg Saint-Honoré
Av. de Mahatma Gandhi
Bd. de l'Amiral Bruix
Av. de la Gde Armée
Avenue
Allée de Longchamp
Avenue Foch
Av. de Friedland
Boulevard Haussmann
Rue St-Lazare
Bd. Montmartre
Bd. des Italiens
Bd. des Capucines
Rue du 4 Septembre
Av. Victor Hugo
Avenue Kléber
Avenue Marceau
Avenue George V
Avenue des Champs-Elysées
Rue de Ponthieu
R. Royale
R. Saint-Honoré
Rue de Rivoli
Av. de l'Opéra
Raymond Poincaré
Avenue d'Iéna
Av. Georges Mandel
Av. du Pdt Wilson
Av. de New York
Pont de l'Alma
Cours la Reine
Pont des Invalides
Pont Alexandre III
Pont de la Concorde
Quai d'Orsay
Rue de l'Université
Quai des Tuileries
Quai Anat. France
Pont Royal
Quai Voltaire
Quai Malaquais
Rue de Lille
Rue Jacob
Bd. St-Germain
Boulevard Lannes
Boulevard Suchet
Avenue Paul Doumer
Avenue de New York
Pont d'Iéna
Quai Branly
Avenue Gustave Eiffel
Avenue de La Bourdonnais
Avenue Bosquet
Bd. de la Tour-Maubourg
Rue de Passy
Rue de Grenelle
Rue des St-Pères
Boulevard St-Germain
Rue Raynouard
Avenue du Président Kennedy
Pont de Bir Hakeim
Avenue de Suffren
Av. Charles Floquet
Avenue de la Motte Picquet
Av. Duquesne
Av. de Lowendal
Boulevard des Invalides
Avenue de Ségur
Avenue de Breteuil
Rue de Babylone
Rue du Four
Avenue Mozart
Allée des Cygnes
Boulevard de Grenelle
Pont de Grenelle
Boulevard Garibaldi
Rue de Sèvres
Rue du Cherche-Midi
Rue de Rennes
Rue de Vaugirard
Boulevard Raspail
Rue d'Assas
Avenue de l'Observatoire
Pont Mirabeau
Avenue Émile Zola
Rue du Commerce
Voie Georges Pompidou
Quai André Citroën
Boulevard du Montparnasse
Rue de Vaugirard
Boulevard Pasteur
Rue Lecourbe
Quai Louis Blériot
Pont de Garigliano
Bd. Martial Valin
Boul. Victor
Rue de la Convention
Rue Vercingétorix
Avenue du Maine
Av. Denfert-Rochereau
Rue d'Alésia
Boulevard Lefebvre
Rue Ernest Renan
Av. du Gén. Leclerc
Avenue René Coty

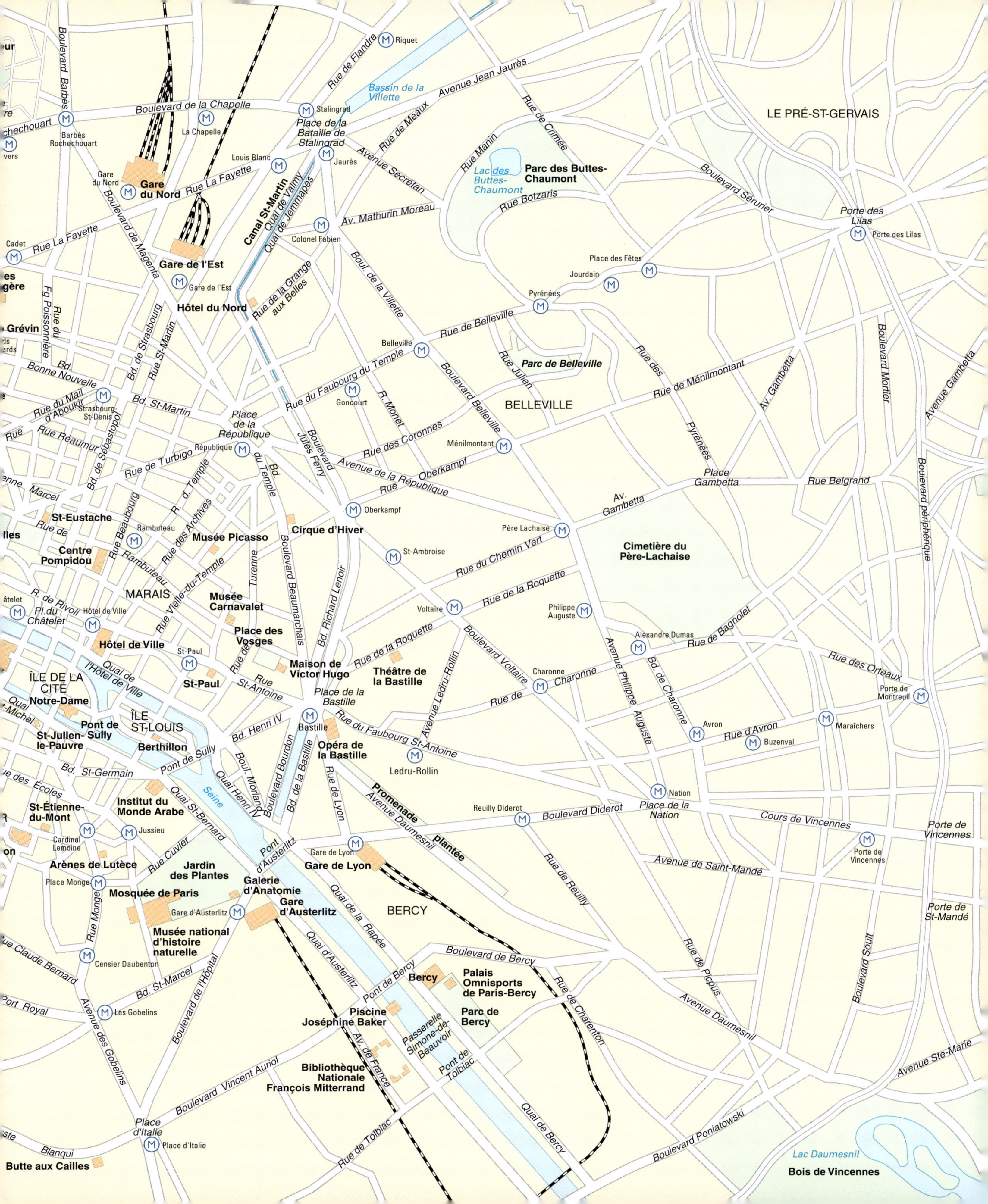
Boulevard Barbès
Rue de Flandre
Riquet
Bassin de la Villette
Avenue Jean Jaurès
LE PRÉ-ST-GERVAIS
Boulevard de la Chapelle
Stalingrad
La Chapelle
Barbès Rochechouart
Place de la Bataille de Stalingrad
Rue de Meaux
Rue de Crimée
Rue Manin
Lac des Buttes-Chaumont
Parc des Buttes-Chaumont
Louis Blanc
Jaurès
Avenue Secrétan
Boulevard Sérurier
Gare du Nord
Rue La Fayette
Canal St-Martin
Quai de Valmy
Quai de Jemmapes
Rue Botzaris
Av. Mathurin Moreau
Porte des Lilas
Cadet
Boulevard de Magenta
Colonel Fabien
Gare de l'Est
Place des Fêtes
Jourdain
Hôtel du Nord
Rue de la Grange aux Belles
Boul. de la Villette
Pyrénées
Grévin
Fg Poissonnière
Rue du
Bd. de Strasbourg
Rue St-Martin
Rue de Belleville
Belleville
Parc de Belleville
Rue Julien
Rue des Pyrénées
Boulevard Mortier
Avenue Gambetta
Bd. Bonne Nouvelle
Rue du Mail
d'Aboukir
Strasbourg-St-Denis
Bd. St-Martin
Rue du Faubourg du Temple
Goncourt
R. Monet
Boulevard Belleville
Rue de Ménilmontant
Av. Gambetta
BELLEVILLE
Rue Réaumur
Bd. de Sébastopol
Place de la République
République
Boulevard Jules Ferry
Rue des Coronnes
Ménilmontant
Boulevard périphérique
Rue de Turbigo
Bd. du Temple
R. d. Temple
Avenue de la République
Rue Oberkampf
Place Gambetta
Rue Belgrand
Marcel
St-Eustache
Rue des Archives
Oberkampf
Av. Gambetta
Rambuteau
Musée Picasso
Cirque d'Hiver
Père Lachaise
Centre Pompidou
Rue Beaubourg
Turenne
Boulevard Beaumarchais
St-Ambroise
Rue du Chemin Vert
Cimetière du Père-Lachaise
MARAIS
Rue Vieille-du-Temple
Musée Carnavalet
Bd. Richard Lenoir
Rue de la Roquette
Voltaire
Philippe Auguste
R. de Rivoli
Hôtel de Ville
Pl. du Châtelet
Place des Vosges
Alexandre Dumas
Rue de Bagnolet
Avenue Philippe Auguste
Rue des Orteaux
St-Paul
Maison de Victor Hugo
Théâtre de la Bastille
Boulevard Voltaire
Avenue Ledru-Rollin
Charonne
Rue de Charonne
Bd. de Charonne
Porte de Montreuil
ÎLE DE LA CITÉ
Notre-Dame
Quai de l'Hôtel de Ville
St-Paul
Rue St-Antoine
Place de la Bastille
Avron
Rue d'Avron
Maraîchers
Buzenval
Pont de Sully
ÎLE ST-LOUIS
St-Julien-le-Pauvre
Berthillon
Bd. Henri IV
Bastille
Opéra de la Bastille
Rue du Faubourg St-Antoine
Ledru-Rollin
Bd. St-Germain
Pont de Sully
Boul. Morland
Boulevard Bourdon
Bd. de la Bastille
Rue de Lyon
Promenade plantée
Avenue Daumesnil
Nation
Place de la Nation
Rue des Écoles
Institut du Monde Arabe
Quai St-Bernard
Seine
Quai Henri IV
Reuilly Diderot
Boulevard Diderot
Cours de Vincennes
Porte de Vincennes
St-Étienne-du-Mont
Cardinal Lemoine
Jussieu
Pont d'Austerlitz
Gare de Lyon
Rue de Reuilly
Avenue de Saint-Mandé
Arènes de Lutèce
Rue Cuvier
Jardin des Plantes
Place Monge
Mosquée de Paris
Galerie d'Anatomie
Gare d'Austerlitz
Quai de la Rapée
BERCY
Porte de St-Mandé
Rue Monge
Musée national d'histoire naturelle
Quai d'Austerlitz
Rue Claude Bernard
Censier Daubenton
Boulevard de Bercy
Bd. St-Marcel
Boulevard de l'Hôpital
Pont de Bercy
Bercy
Palais Omnisports de Paris-Bercy
Rue de Picpus
Boulevard Soult
Port Royal
Les Gobelins
Piscine Joséphine Baker
Parc de Bercy
Rue de Charenton
Avenue Daumesnil
Avenue des Gobelins
Passerelle Simone-de-Beauvoir
Av. de France
Pont de Tolbiac
Bibliothèque Nationale François Mitterrand
Boulevard Vincent Auriol
Avenue Ste-Marie
Quai de Bercy
Place d'Italie
Boulevard Poniatowski
Blanqui
Rue de Tolbiac
Lac Daumesnil
Butte aux Cailles
Bois de Vincennes

AUX TOURS DE NOTRE

1900
LA CREMAIL
Restaurant

Die romantische Metropole an der Seine erleben

Paris, die Stadt des Lichts, ist unermüdlich im Wandel: Die Schöne an der Seine sonnt sich zwar gern im Glanz ihres reichen kulturellen Erbes, aber sie lebt nicht nur von der Pracht ihrer Monumente. Von den Anfängen auf den Flussinseln bis zur kosmopolitischen Metropole von heute ist die französische Hauptstadt ein Ort, an dem es keinen Stillstand gibt. Ein idealer Nährboden für Enfants terribles und kühne Entwürfe, die oft zunächst einen heftigen Diskurs auslösen, um dann von den Pariser Bürgern umso leidenschaftlicher geliebt zu werden.

Belle-Époque-Flair auf der Terrasse des Cabaret-Restaurants »La Crémaillière« an der Place du Tertre.

Pracht und Potenzial

Für den Stadttouristen, der nur ein paar Tage in Paris verbringt, verkörpern Eiffelturm, Louvre, Musée d'Orsay und Notre-Dame die Highlights der Pariser Monumente-Kollektion. Aber hinter der offensichtlichen Pracht steckt mehr: Den Auftraggebern ging es darum, die Zukunft der Stadt und der Gesellschaft zu prägen. Ein Monument hatte für sie nicht nur lokale Bedeutung, es sollte auch weltweites Aushängeschild sein, wie etwa der Eiffelturm, der heute als Symbol von Paris gilt. Geplant war das nicht, denn beinahe wäre die Konzeption für diese Stahlkonstruktion gar nicht beim Weltausstellungskomitee eingereicht worden.

Gustave Eiffel stand der Idee seiner Ingenieure Koechlin und Nouguier zunächst skeptisch gegenüber. Schließlich überwand er seine Bedenken, kaufte das Patent und setzte alles daran, dass seine Gesellschaft, Eiffel & Cie., den Turm errichten konnte. 1889 war es dann so weit: Paris hatte Anlass zu heftigen Kontroversen und Eiffel vermutlich schlaflose Nächte: Berühmte Zeitgenossen, unter ihnen der Komponist Charles Gounod und der Architekt des Opernhauses, Charles Garnier, sowie der Schriftsteller Guy de Maupassant meldeten in einem Aufruf in der Zeitung *Le Temps* ihren Protest gegen den »Turm des Monsieur Eiffel« an. Hinzu kam, dass die Baukosten um eine Million Francs höher als geplant ausfielen. Am Ende des Eröffnungsjahres hatten jedoch schon fast zwei Millionen Menschen die neue Attraktion erklommen, und der Löwenanteil der Gesamtkosten war bereits gedeckt. Aus dem negativen Begriff »Eiffelturm« wurde ein Symbol, auf das man mit Stolz blickte.

1

Die Pyramide des Präsidenten

Der Louvre geriet 1989 in die Schlagzeilen. Der ehrgeizige Ausbau, ein persönliches Anliegen des damaligen Staatspräsidenten François Mitterrand, bescherte Paris die gläserne Louvre-Pyramide mitten im Cour Napoléon. Der kühne Entwurf des chinesisch-amerikanischen Architekten Ieoh Ming Pei dient nun als lichtdurchfluteter Haupteingang des Musée du Louvre. 2012 gab es zur Eröffnung des neuen Islam-Flügels neue Schlagzeilen. Sponsoren aus arabischen Ländern trugen zur Finanzierung bei.

Millionen für die Schönheit

Die Kathedrale Unserer Lieben Frau – Notre-Dame de Paris – hat in den vergangenen Jahrhunderten sowohl die Verehrung als auch den Zorn der Pariser Bevölkerung erfahren. Bei der Renovierung kam es an den Tag: Die gut erhaltenen Statuen, die hinter schwärzlichen Emissionsschichten auftauchten, stammen nicht aus dem 13. Jahrhundert – den Originalen hatten die aufgebrachten Pariser Bürger während der Französischen Revolution die Köpfe abgeschlagen. Heute sehen Repliken aus dem 19. Jahrhundert aus heiliger Höhe auf die Stadt herab, der im 21. Jahrhundert das Facelifting ihrer »Lieben Frau« immerhin 23 Millionen Euro wert war.

Großer Bahnhof für die Kunst

Auch dem ehemaligen Bahnhof Gare d'Orsay hätte man beinahe übel mitgespielt. Er sollte einem Luxushotel Platz machen. Den geplanten Abriss verhinderte eine Initiative des damaligen Staatspräsidenten Giscard d'Estaing. 1986 konnte

1 *An die Siege Napoleons erinnert die golden erstrahlende Siegessäule auf der Place du Châtelet.* – 2 *Die Opéra Garnier, neobarocker Blickfang und heute Tempel für Ballett und Oper.* – 3 *In diesem Saal im Louvre dinierte einst Napoleon III.*

3

1

2

dann sein Amtsnachfolger François Mitterrand eines der schönsten Pariser Museen der Öffentlichkeit übergeben. Das Musée d'Orsay, das nach dem Louvre und dem Schloss von Versailles auf Rang drei der Beliebtheitsskala steht.

Machtsymbole vom Stararchitekten Jean Nouvel

Die Streitkultur spielt im großstädtischen Kulturbetrieb eine wichtige Rolle – am Diskurs beteiligen sich nicht nur Politik, Presse und die Intelligenz, sondern auch die Bürger, und zwar viel direkter und spontaner als anderswo in Europa. Doch einsame Entscheidungen akzeptiert man zur Not ebenfalls, besonders wenn sie Staatspräsidenten treffen. Ein Beispiel präsidialer Macht sind die vier Türme der Bibliothèque François Mitterrand am linken Seineufer. Was, so fragte sich Paris, wird uns Chirac hinterlassen? Der Präsident beauftragte Jean Nouvel mit dem Bau des Musée des Arts et Civilisation, kurz MAC. Mit dem 2006 am Quai Branly eröffneten Museum zur Kunst der Naturvölker sicherte sich wieder ein Repräsentant Frankreichs seinen Platz in der Kulturgeschichte der Hauptstadt.

Paris für alle?

Nach wie vor konzentriert sich in Paris ein Großteil der wirtschaftlichen, gesellschaftlichen und politischen Aktivitäten des Landes. Und das hat eine enorme Anziehungskraft auf die jungen, ehrgeizigen Managerinnen, die ihren Platz in Verwaltung, Banken und Medienberufen finden; auf Frankreichs Jugend, die sich von der Hauptstadt ein größeres Arbeitsplatzangebot als auf dem Land verspricht; auf Verleger, Autoren und Journalisten, Galeristen, Künstler und Designer; auf die internationale Szene der Models, Fotografen und Stylisten; auf die Musik- und Filmindustrie und auf die neuen »Misérables« von Paris, die französischen Staatsbürger aus den ehemaligen Kolonien und den französischen Überseeprovinzen. Paris macht es nicht allen leicht. Zwar ist Frankreichs Hauptstadt unbestritten ein multikultureller Ort, aber wer einmal die trostlosen Betonbunker der Banlieus an den Stadtgrenzen gesehen hat, begreift, dass dort der Anspruch auf Individualität und Freiheit schnell zu Macho-Allüren und Gewaltattacken pervertieren kann.

Kleine Zukunftsmusik

Zu Beginn des 21. Jahrhunderts hat auch Paris alle Probleme einer Hauptstadt. Es ist Zeit, die urbanen Strukturen wie Transport, öffentliche Einrichtungen und Grünflächen zu verbessern. Unter Berücksichtigung des Kyoto-Protokolls zur Senkung der Treibhausgase sollen Paris und seine Vorstädte künftig »ökologisch und attraktiv« werden. Wie jeder französische Präsident arbeitete auch Nicolas Sarkozy daran, sich ein architektonisches Denkmal zu setzen. Den Grundstein für eine raumgreifende Vision legte er, indem er zehn namhafte internationale Architekten, darunter Christian de Portamparc, Roland Castro und Jean Nouvel, damit beauftragte, Vorschläge für eine Metropole der Zukunft einzureichen. Das Ergebnis namens »Le grand pari de l'agglomération« von 2009 inspiriert nun urbanistische Zukunftspläne bis 2050. Zum »Plan Grand Paris«, der jetzt unter François Hollande realisiert wird, zählt z.B. die Philharmonie de Paris im Parc de la Villette, von Jean Nouvel mit Platz für 2400 Zuschauer geplant. Eröffnung voraussichtlich 2015. Die automatische Métro Arc Express wird die Verkehrsanbindung der vier großen Wirtschaftspole in der Pariser Umgebung verbessern. Restaurierung des Kulturerbes, Revitalisierung vernachlässigter Stadtteile, mehr ökologisch

1 *Die Hauptgalerie des Musée du Quai Branly ist auf Stelzen über dem Garten gebaut.* – 2 *Die Miró-Skulpturen bringen fröhliche Farben in das moderne Geschäftsviertel La Défense.* – 3 *Die Pariser Terrassencafés laden zur Kaffeepause mit einem »petit noir« ein.*

orientierte Wohnkomplexe sind die Ziele der Zukunft. Ende 2013 eröffnet die Fondation Louis Vuitton. Frank O. Gehrys »Wolke« für moderne Kunst mit Blick auf einen See im Jardin d'Acclimatation des Bois de Boulogne erinnert an Bilbaos Guggenheim-Museum. Jean Nouvel errichtet auf der Île Seguin in Boulogne-Billancourt bis 2015 die Cité de la Musique, inklusive eines Zentrums für moderne Kunst, Galerien und Restaurants.
In La Defénse entstehen nach wie vor neue spektakulär hohe Bürotürme. 2016 werden die Tours Hermitage fertig, zwei 323 Meter hohe Zwillingstürme, ein neues Symbol des Geschäftsviertels. In die Ära Hollande fällt eine Riesenbaustelle im Herzen der Seine-Metropole, dem ehemaligen »Bauch von Paris«. Das Forum des Halles mit dem größten U-Bahnhof der Stadt wird bis 2016 für etwa 800 Mio. Euro nach Plänen der Architekten Patrick Berger und Jacques Anziutti neu gestaltet.

Die neue Shopping-Mall bekommt ein geschwungenes »Canopee«, ein grünes Blätterdach aus Glaslamellen, die sich öffnen können. Hell und luftig soll es werden – und ökologisch ist es auch. Es verwandelt Sonnenenergie in Strom und sammelt Wasser für die neuen Bäume und Springbrunnen im Park nebenan. Das Beste: Sukzessive wird das Seine-Ufer im Zentrum an beiden Seiten für Fußgänger und Radler verschönert. In Höhe von Notre-Dame ist die alte Stadtautobahn von 1967 auf 1,2 Kilometern Länge bereits für Autos gesperrt.

Kunst à la mode

Vom Paris der Impressionisten über die Belle Époque, als Toulouse-Lautrec im »Moulin Rouge« Modelle und mehr fand, bis zum Paris von heute, in dem neue Kunst in alten Industrievierteln eine neue Bleibe findet – die französische Hauptstadt ist nach wie vor ein Ort der künstlerischen und literarischen Avantgarde. Der Pariser Kunstmarkt und der Prix Goncourt, der bedeutendste Literaturpreis Frankreichs, sind die besten Beweise dafür. Das einmalige kulturelle Umfeld der französischen Hauptstadt zieht Künstler aus aller Welt an. Selbst wenn der Wirtschaftsmarkt den Kunstbetrieb bedroht, die alternative Kunstszene findet in Paris immer neue Orte und Möglichkeiten. Aus dem angesagten Viertel Marais mit seinen steigenden Mieten hat sie sich in das ehemalige Industriequartier der Rue Louise Weiss im 13. Arrondissement verlagert. Künstler, Musiker und Schauspieler haben seit 2009 ihre Ateliers im Centquatre, den aufwendig umgebauten Hallen des früheren städtischen Bestattungsunternehmens in der Rue d'Aubervilliers 104 im 19. Arrondissement. Die »Ministadt der Künste« lädt auch internationale »Artists in residence« ein, hier für einige Monate an ihren Projekten zu arbeiten. Im Palais de Tokyo entstand 2012 mit 14 000 Quadratmetern neuer Ausstellungsfläche das größte Kunstzentrum Europas. »Ein Abenteuergelände (…), der Kreativität, den Künstlern und der Freiheit gewidmet«, sagte Direktor Jean de Loisy auf der 30-stündigen Eröffnungsparty im April.

Wickel à la Gaultier

Seit Louis XIV. und dessen prunkvollem Hofstaat gibt Frankreich in der Mode den Ton an. Die Pariser Defilees setzen heute noch Trends und Standards. Einer, der die Haute Couture nach allen Regeln der Kunst auf den Kopf gestellt hat, ist Jean Paul Gaultier. Das Enfant terrible der Modeszene stammt aus der Gegend von Paris. In einem Interview mit der Tageszeitung *Le Monde* bekannte er: »Meine Version von Paris besteht aus vielen

1 *Das »Au Printemps« mit seiner Jugendstilfassade …* – 2 *… und die »Galeries Lafayette« mit ihrer filigranen Glaskuppel über den sechs Stockwerken sind die wohl berühmtesten Kaufhäuser der Seine-Metropole.*

Dior
LANCÔME

CAFE des 2 MOULINS
BRASSERIE
RESTAURANT
BAR
BRASSERIE
RUE LEPIC
BUFFETS CHAUDS & FROIDS
SAUF
1

L'Auberge de la Mouff
Traditionnel de l'Aubergiste
MENU 19 50 €
Entrée
first plate
Gratinée à l'oignon
onion soup
de de lardons & chèvre chaud
lad with bacon & goat cheese
Terrine de saumon
salmon pate
Salade paysanne
salad with gizzard and bacon
ne de lapereau à l'estragon
rabbit pate with tarragon
Salade mixte
Plat
second plate
e saumon ou Filet de colin
salmon or hake
Boeuf bourguignon
beef with wine sauce
Blanquette de veau
(carrots, mushrooms & fresh cream)
d'agneau aux fines herbes
leg of lamb with fine herbs
Plat du jour
TÊTE DE VEAU
SAUCE GRIBRICHE D'ANTAN
SPAGHETTI ET SES BOULETTES DE VIANDE de BOEUF
Blanquette à l'ancienne
Boeuf de jadis
1 plat différent chaque jour
Poule au pot.....
Halte à Buenos Aires
Entrecôte d'Argentine (250g)
Pommes sautées
Salade mixte
sauce Chimichurri
ou autre sauce au choix....
et 1 Verre de Vin Argentin
20€
Restaurant Chez Nadine
vous propose maintenant un nouveau menu d'hiver plus élaboré et plus varié
13€50
Entrées
Gratinée à l'oignon
Nos Salades Gargantuesques
Menu à
2

Klischees. Ich bin der Vorstadtjunge geblieben, der von der Hauptstadt träumt.« Mit Klischees zu spielen ist bei Gaultier Programm – der brave Matrosenanzug für schlimme Jungs, scharfe Korsagen für zarte Mädchen, selbst der Wickelrock für Macho-Hüften, tout Paris ließ sich erst irritieren und dann gern verführen. Das Ergebnis: Gaultier, inzwischen auch durch die Marken Hermès und Puig international bekannt, zählt zum exklusiven Zirkel der Haute Couture.

Für Kopf und Bauch

Was dem einen die Haute Couture, ist dem anderen die Haute Cuisine. Und was wäre die französische Küche ohne ihre großen Chefs und mit Sternen bekrönten Gourmet-Tempeln? Es wäre um eine seiner raffiniertesten und teuersten Seiten ärmer, aber nicht am Ende. Schließlich gilt auch in der Küche: Einfach ist am besten. Und das ist gar nicht so einfach, wie schon der Kaiser der Köche, Auguste Escoffier, predigte: »Nur mit der natürlichen Hitze und Flamme jener altbewährten Brennstoffe lässt sich ein Hähnchen auf dem Rost so recht knusprig bräunen.« Dass bestimmte Restaurants in Paris zu Stammlokalen von Malern, Dichtern und Musikern, kurz der internationalen Boheme, aufstiegen, lag nicht an kreativen Menüs, sondern an (kleinen) Preisen, (großen) Portionen, der geduldeten (langen) Verweildauer und der (kurzen) Dauer des Lokalverbots nach »künstlerischem« Schlagabtausch.

Kulinarisch-literarische Stationen in Paris sind etwa Sartres Lieblingscafés auf dem Boulevard Saint-Germain, das »Café de Flore« und das »Les Deux Magots«. In authentischem Art déco des »La Coupole« in Montparnasse sitzen heute wie damals Einheimische und Zugereiste in der größten Brasserie von Paris. In den 1920er-Jahren verkehrten hier Pablo Picasso, Salvador Dalí und Marc Chagall und Hemingway. Wer lieber »entre nous«, in den eigenen vier Wänden, genießen will oder in der schönen Jahreszeit zu einem eleganten Picknick im Park einlädt, der findet rund um die Madeleine bei Delikatessenhändlern wie »Fauchon« und »Hédiard« einfach alles, was das Herz begehrt und die Magennerven glücklich macht.

L'amour, l'amour, toujours l'amour!

Paris und die Liebe – ein langes Kapitel … aber die legendäre Liebe zwischen Héloïse und Abélard im 11. Jahrhundert ist schon etwas Besonderes. Der junge Amerikaner Mark Twain, als Reisereporter in Europa unterwegs, nahm sich 1867 der Story an und erzählte sie auf ganz eigene Art in seiner *Reise durch die Alte Welt*. Abélard, ein ehrgeiziger junger Theologe, verführt Héloïse, die Tochter des Kanonikus der Kathedrale von Paris, anstatt ihr als Hauslehrer christliche Herzensbildung nahezubringen. Als Héloïse ein Kind erwartet, flieht das Paar aus Paris. Abélard heiratet seine Héloïse, jedoch in aller Heimlichkeit, denn er fürchtet um seinen priester-

3

4

5

1 *Ob auf dem Montmartre …* – 2 *… in der Rue Mouffetard …* – 3 *… oder am Boulevard Saint-Michel und seinen Seitenstraßen: Überall bieten Pariser Brasserien typische Gerichte und frische Tagesmenüs.* – 4 *Genießer können Austern und Meeresfrüchte probieren …* – 5 *… oder im Grandhotel »Intercontinental« an einem Cocktail nippen.*

lichen Ruf. Sein gekränkter Schwiegervater macht die Vermählung publik. Sie wird prompt dementiert, von Abélard, aber auch von Héloïse, die dem angebeteten Gatten nicht im Wege stehen will. Monsieur Fulbert dingt einen Schlägertrupp. Die »überfielen Abélard bei Nacht und brachten ihm eine furchtbare und nicht näher zu beschreibende Verstümmelung bei«, recherchierte Mark Twain. Die unglückliche Héloïse entsagt fortan hinter Klostermauern allen Freuden der Welt. Abélard überlebt das Attentat und widmet sich fortan ganz und gar der Theologie. Glücklich aber wird auch er nicht, denn seine Thesen bringen ihm zahlreiche heftige Anfeindungen und schließlich sogar ein päpstliches Predigtverbot ein. Einsam stirbt er fern von Paris. Héloïse lässt seinen Leichnam in ihr Kloster überführen. Heute erinnert ein Monument auf dem Friedhof Père Lachaise die Nachwelt an diese Liebe.

Viele der unzähligen Pariser Liebesgeschichten gelangten zu literarischen und cineastischen Ehren: zum Beispiel die traurig-schaurige Geschichte von Quasimodo und Esmeralda, erzählt 1831 von Victor Hugo, verfilmt 1939 mit Charles Laughton und Maureen O'Hara, 1956 mit Gina Lollobrigida und im Jahr 1996 sogar als Zeichentrickfilm von Walt Disney.

Ganz schön wild hier!

Dramatisch war das wilde Leben des François Villon, einer der großen Dichter des französischen Spätmittelalters. Im Jahr 1431 beginnt sein holpriger Lebensweg in Paris. Villon wird zunächst Scholar, aber das Studieren verträgt sich nicht mit seinem Widerspruchsgeist. Bald führt er ein Leben als Vogelfreier und Verbrecher, nach 1463 verliert sich seine Spur. In der Romantik entdeckte man Villons ungezügelte Balladen von Liebe und Hass, von Hoffnung und Tod wieder neu. In den 1950er-Jahren kamen sie als Schallplatte heraus: »Ich bin so wild nach deinem Erdbeermund, ich schrie mir schon die Lungen wund nach deinem weißen Leib, du Weib. Im Klee, da hat der Mai ein Bett gemacht, da blüht ein schöner Zeitvertreib mit deinem Leib die lange Nacht. Da will ich sein im tiefen Tal dein Nachtgebet und auch dein Sterngemahl.« Klaus Kinski war der Interpret.

Nicht gesellschaftsfähig?

Rot ist rot ist rot – auf der nächtlichen Place Pigalle signalisiert die Neonfarbe »Sexodrome«, »Sexy Paradise«, »Sex Live Show« oder »Pharmacie«, wobei letztere schon wieder grün ist. Touristen drücken sich die Nasen an den Fenstern des Musée de l'Erotisme platt. Entgegen der Ankündigungen ist dort nichts Skandalöses zu erwarten, denn hier ist Erotik museal. »Sex« lagert im Zeitschriftenregal des Supermarkts, und die Show des »Moulin Rouge« erinnert in ihrer Perfektion an Holiday on Ice. »Pigalle, Pigalle, das ist die größte Mausefalle, mitten in Paris«? Wer da noch reinfällt, ist selber schuld. »Amoureux« (verliebt) sind die Pärchen am Seineufer, und »L'Origin du Monde« ist erotisch – »Der Ursprung der Welt« hängt heute im Musée d'Orsay. 1866 brachte er dem Maler Courbet den Ruf eines Pornografen ein. Auch der unvergessene Serge Gainsbourg wurde der Pornografie bezichtigt, als er 1969 im Duett mit Jane Birkin »Je t'aime je t'aime, oh oui je t'aime! – moi non plus« ins Mikrofon stöhnte. Das Lied stand sofort auf dem Index und deshalb bald auf Platz 1 der Hitparaden!

1 *Paris verzaubert mit erotischer Mode … –* 2 *… und stimmungsvollen Kaffeehausterrassen zu Füßen der Kirche Sacré-Cœur an der Place du Tertre.*

AU CADET de GASCOGNE
Restaurant salle au 1er
Restaurant
La Bohème
RUE DU MONT CENIS
Coca-Cola
Plats du jour
2

Von der Île de la Cité zum Quartier Latin

Sie hat keinen Traumstrand und keine Palmen, und dennoch ist die Île de la Cité eine der meistbesuchten Inseln der Welt. Das Ensemble von Conciergerie und Sainte-Chapelle gilt als die Wiege der französischen Hauptstadt, die Kathedrale Notre-Dame als ein frühes Meisterwerk der französischen Gotik. Im Quartier Latin auf dem linken Seineufer sorgen seit jeher Eliten und Existenzialisten für den unverwechselbaren Esprit von Paris.

Buntes Licht dringt durch das Glas der 12 Meter hohen gotischen Maßwerkfenster in die Oberkapelle von Sainte-Chapelle, der früheren Palastkapelle auf der Île de la Cité.

Macht, Glaube, Wissenschaft

Conciergerie – Sainte-Chapelle – Notre-Dame – Institut du Monde Arabe – Quartier Latin – Panthéon

Wir schreiben das Jahr 52 v. Chr. Die ganze Île de France ist von Römern besetzt. Die ganze? Nein! Ein von unbeugsamen keltischen Fischern, den Parisii, bevölkertes Dorf auf einer Insel beschließt, den Eindringlingen Widerstand zu leisten. Um Vercingetorix zu unterstützen, ziehen 8000 Parisii mit in den Kampf gegen die Römer. Vergeblich! Daraufhin brannten die Parisii ihre Siedlung nieder und siedelten weit ab vom Fluss. Die Eroberer bauten die Stadt auf römische Art wieder auf, befestigten die Inseln und bebauten das linke Seineufer – aus Lutuhezi wurde Lutetia. 360 n. Chr. rufen die Truppen, die sich der von Kaiser Constantin befohlenen Rückkehr widersetzen, den römischen Feldherrn Julianus in Lutetia zum Kaiser aus. In dieser Zeit nennt man die Stadt erstmals »Paris«. Noch ist sie weit von ihrer späteren Bedeutung entfernt. Die Wahl Hugues Capets, des Stammvaters der Kapetinger, zum König im Jahr 987 verbindet Paris zwar dauerhaft mit dem Königshaus, aber erst 1301 entstand unter Philippe le Bel der königliche Palast auf der Île de la Cité; die ältesten aus dieser Zeit stammenden Gebäude, die Sainte-Chapelle und der untere Teil der Tour Bonbec gehen allerdings auf Louis IX. (1226–1270) zurück. Der Palast wurde erst zum ständigen königlichen Wohnsitz, als König François I. nach der Niederlage von Pavia – hauptsächlich durch die finanzielle Hilfe von Paris – aus spanischer Gefangenschaft freikam.

Revolution …

Ursprünglich als feudale Unterkunft für den königlichen Schlossverwalter (Concierge) und die Palastwachen erbaut, bescherte das Schicksal der Conciergerie eine andere Bestimmung. Als im späten 14. Jahrhundert die Kapetinger den königlichen Palast auf der Insel zugunsten von Louvre und dem Schloss von Vincennes verließen, erfolgte der Umbau der Untergeschosse zu Gefängnissen, und Justiz- und Polizeigewalt zogen in die Gebäude ein. Während der Französischen Revolution kam die Conciergerie als Staatsgefängnis zu traurigem Ruhm: Das Revolutionstribunal überantwortete dort innerhalb zweier Jahre mehr als 2700 Menschen dem Scharfrichter, darunter Königin Marie-Antoinette. Und 1794 schickte das Tribunal die Anführer der Revolution, Danton und Robespierre, auf die Guillotine.
Die Schrecken der Revolution sind zwar längst passé, aber die Nachbildung der kargen Zelle, in der die Königin bis zu ihrer Enthauptung inhaftiert war, ist die Hauptattraktion des heutigen Museums. Der prächtigste Gebäudeteil der Conciergerie ist die Salle des Gens d'Armes, der Saal der Waffenträger. Der gotische Saalbau gilt als der schönste mittelalterliche Profanbau von Paris und als der älteste mittelalterliche Saal Europas. Er diente den Waffenträgern als Refektorium, also als Speiseraum und Aufenthaltsort. An langen Tafeln konnten dort bis zu 2000 Bedienstete des französischen Königs Platz nehmen. In der benachbarten Großküche brieten und brutzelten die Köche an vier riesigen Kaminen. Im 15. Jahrhundert wurde der Raum völlig zerstört, denn Barbiere, Goldschmiede und Weinhändler richteten dort zahlreiche Läden und Werkstätten ein.
Viollet-le-Duc legte im 19. Jahrhundert die architektonische Konzeption des Saales wieder frei. Die Pfeiler, zur statischen Sicherung eingefügt, erhielten beredte

1 *Der Palais de Justice auf der Île de la Cité ist eine Hochburg der französischen Justiz.* – 2 *Blick über die Seine und den Pont au Change (Brücke der Geldwechsler) zur Conciergerie am Quai de l'Horloge.* – 3 *Die Salle des Gardes in der Conciergerie prägt ein prächtiges Kreuzrippengewölbe.*

2

3

1

Kapitelle, die uns heute eine Vorstellung davon geben, wie sehr der gotische Baustil im 19. Jahrhundert en vogue war. Nicht gerade prüde war der Steinmetz, der das Kapitell des Zentralpfeilers gestaltete. Abélard trägt in seiner Rechten eine Schriftrolle, die ihn als Gelehrten und Theologen ausweist, während die Stiftsdame Héloïse in ihrer Linken nonchalant ein männliches Geschlechtsteil hält, eine Anspielung auf das »malheur d'Abélard« – seine Entmannung.

Wer zählt die Türme …

Von der Rive Droite hat man den besten Blick auf die Conciergerie mit ihren vier mächtigen Türmen. Der Bonbec-Turm rechts mit seinen Zinnen ist der älteste: Hinter seinen dicken Mauern verbargen sich über Jahrhunderte hinweg die Folterkeller für die Gefangenen. An der viereckigen Tour de l'Horloge links ließ Charles V. im Jahr 1371 die erste öffentliche Uhr von Paris anbringen. Der rechte der beiden Zwillingstürme am Eingang des Königspalastes, die Tour d'Argent, barg den Kronschatz. Heute hat der »Silber-Turm« einen Namensvetter, gleich um die Ecke an der Rive Gauche.

… und die Enten?

»Le plus célèbre restaurant du monde« nennt sich diese Institution selbstbewusst. Die Spezialität des Restaurants »Tour d'Argent« ist Ente. Aber was für eine! Es liegt nicht nur an der berühmten Orangensoße, sondern am kompletten Entenrezept, das einem Ritual gleicht. Jede georderte Ente landet außer in der Entenpresse auch im »livre d'or des canards célèbres«, dem »Goldenen Buch prominenter Enten«. Die eigene Ente findet sich dann irgendwann in der Folge von beispielsweise Ente Nummer 328, verspeist von Eduard VII. im Jahr 1890, oder Ente Nummer 53 211, die sich der japanische Kaiser Hirohito 1921 genehmigte. Ein feines Kärtchen mit persönlicher Nummer und aktuellem Datum kann als Beweis mit nach Hause genommen werden!

Sainte-Chapelle: diese Farben!

Doch zurück auf die Insel. Hinter den Mauern des Justizpalastes erhebt sich das Dach der königlichen Privatkapelle, der Sainte-Chapelle. Von Louis IX., dem Heiligen, in der zweiten Hälfte des 13. Jahrhunderts erbaut, stand sie ganz im Zeichen inbrünstiger Reliquienverehrung: Dem König war es gelungen, die vermeintliche Dornenkrone Christi in seinen Besitz zu bringen. Ihr Vorbesitzer, der Kaiser von Konstantinopel, trennte sich angeblich zum Preis von 135 000 Pfund von ihr, um seine Schulden bei der Stadt Venedig zu begleichen. Der Kult um die Dornenkrone machte die Sainte-Chapelle zum Prunkstück der französischen Gotik. In der Oberkapelle, die der königlichen Familie vorbehalten war, fällt das Licht durch eine überwältigende Komposition aus 15 hohen, schlanken Fenstern, deren leuchtende Glasmalereien die ältesten und schönsten von Paris sind. Die Szenen aus der Heiligen Geschichte, die zwischen 1245 und 1248 entstanden, beginnen am ersten Fenster links vom Eingang und enden mit der Apokalypse, die das Thema der großen Westrose ist. Die gotische Bildergeschichte muss dabei von unten nach oben in der Abfolge der lanzettförmigen Fenster »gelesen« werden. Die beeindruckende Höhe des einschiffigen Saales (20,50 Meter) beträgt das Dreifache der Unterkapelle, zu der man über eine enge Treppe gelangt. Der Kontrast könnte nicht größer sein: oben himmelwärts strebende Farbenpracht, unten Schatten und

1 *Sainte-Chapelle: Die einstige Privatkapelle von Louis IX. ist ein Highlight der französischen Gotik.* – 2 *Innen bewundern Besucher die auf Buntglas gebannten Bildergeschichten aus der Heiligen Schrift.*

1

2

3

Dämmerung. Die ebenerdige Unterkapelle, deren gedrungene Architektur die aufstrebende Raumstruktur der Oberkapelle trägt, war für die Hofleute bestimmt. Ihre bunten Malereien wurden während der Renovierung im 19. Jahrhundert im gotisierenden Stil hinzugefügt.

Notre-Dame: wenn Steine sprechen könnten …

Mit dieser Kathedrale ließen sich Bände füllen. Hier eine interessante Kurzfassung aus »Meyer's neuem Konversationslexikon« von 1871: »Den ersten Stein zu dem neuen Dom soll Papst Alexander II. 1163 gelegt haben. Der Hauptaltar wurde 1163 geweiht, die Hauptfacade um 1220 vollendet und im Anfang des 14. Jahrhunderts kam das ganze Werk zum Abschluß.« So weit, so gut, aber dann kommt der erhobene Zeigefinger: »Seit 1699 jedoch begann eine Reihe von angeblichen Verbesserungen und Verstümmelungen, die bis auf die neueste Zeit fortgesetzt wurden. Das Innere der Kirche wurde noch ärger mitgenommen und bietet erst jetzt, nach Restauration des Chores und Abschabung des lächerlichen Anstrichs, wieder einen würdigen und imposanten Anblick.« Gemeint ist die 1844 begonnene Restaurierung durch Viollet-le-Duc. Damals hat man die Skulpturen der Fassade, deren Originale während der Französischen Revolution zerstört worden waren, durch Entwürfe von Paul Chemillon ersetzt. Das kam bei der über zehn Jahre dauernden »Jahrhundert-Renovierung« ans Tageslicht. Jedenfalls sehen die Skulpturen nach dem letzten Facelifting ganz anders aus als bei Mark Twains Besuch 1869. Ihn beeindruckte die Geschichte, die er dahinter sah: »Diese verwitterten alten Burschen mit den abgebrochenen Nasen haben so manche Schar gepanzerter Ritter aus dem Heiligen Land heimkehren sehen; sie hörten die Glocken der Bartholomäusnacht läuten, und sie sahen das nachfolgende Gemetzel; später die Schreckensherrschaft, das Blutbad der Revolution, den Sturz des Königs, die Krönung zweier Napoleons.«

Aus Berufung Bouquinist

Zunächst die Fakten: Über drei Kilometer erstrecken sich die Stände der 240 Bouquinisten von Paris entlang der Quais. Mit rund 300 000 Büchern ist das eine ganz stattliche Bibliothek. Wie kam es zu dieser Pariser Besonderheit? Dazu haben die Bouquinisten eine einhellige Meinung: Man ist überzeugt, dass die Anfänge ihres Metiers auf die Erfindung des Buchdrucks zurückgehen. Im Jahr 1469 kamen die ersten Druckmaschinen aus Deutschland, und auf dem Gelände der Sorbonne entstand eine Druckerwerkstatt: Schon gab es einen Markt für Bücher, die seither auf den Quais in unmittelbarer Nachbarschaft zum Quartier der Theologie und Wissenschaft ihre Kunden finden.

Doch beileibe nicht jeder darf sich hier hinstellen und Bücher verkaufen, wird man aufgeklärt. Nein, da gibt es strenge

1 und 3 *Bei den Bouquinisten am Seineufer gibt es neben Büchern auch Karten und Bilder zu entdecken.* – 2 und 5 *Kerzen inspirieren Gläubige in der Kathedrale Notre-Dame zu hoffnungsvollen Gebeten.* – 4 *Das Abendlicht über Notre-Dame von der Seine aus betrachtet: der Inbegriff von Romantik …*

4

5

1

2

Regeln, die Jacques Chirac bereits 1993 erließ. Allerdings folgte er damit einem Dekret Napoleons III., und danach sollen die Bouquinisten mindestens vier Tage in der Woche ihre Bücherkisten geöffnet halten. Nicht wenige sind gar die ganze Woche anzutreffen – da gehört schon echte Leidenschaft dazu! Nur im Winter sehen die Bouquinisten ihre Anwesenheitspflicht lockerer … Ansonsten ist sogar die Farbe der Bücherkästen verbindlich: Dunkelgrün wie die alten Zugwaggons müssen sie sein, und alle drei Jahre ist ein Anstrich fällig! Jeder Bouquinist hat so seine Spezialität: die Geschichte von Paris, Romane der Surrealisten, Kriminalromane, auch Drucke dürfen verkauft werden – Eiffelturm und Notre-Dame sind die Bestseller, dicht gefolgt von alten Mode- und Reklameplakaten und erotischen Postkarten. Amerikaner kaufen am meisten, Japaner schauen nur, aber auch viele Pariser finden hier passenden Lesestoff. Immerhin wird generell wieder Umsatz mit Büchern gemacht. »Ein paar Jahre lief da gar nichts. Aber jetzt, jetzt liest man wieder!«, – der freundliche grauhaarige Buchhändler ist zufrieden. Dafür gibt es neue Umstände, an die sich mancher Bücherwurm erst gewöhnen muss. Während der Sommerwochen verwandelt sich das Seineufer in »Paris Plage«, einen künstlich aufgeschütteten Strand an den Quais. In den vergangenen Jahren kamen bis zu drei Millionen Menschen, um das Strandleben zu genießen. Nur bei den Bouquinisten wollte die Stimmung nicht so recht steigen. Das lag auch an den Geldern, die die Stadt in ihren Augen »in den Sand gesetzt« hatte. Also gaben sie die Parole aus: »Paris Page statt Paris Plage!« (Buchseite statt Strand).

Hightech und Arabesken

Das Institut du Monde Arabe (IMA), 1980 auf Initiative des damaligen Staatspräsidenten Valéry Giscard d'Estaing in Paris gegründet, ließ François Mitterrand sieben Jahre später fertigstellen. Frankreichs Architekturstar Jean Nouvel leitete das Projekt. Das Bauwerk greift die Verbindung zwischen Frankreich und der arabischen Welt auf: Die Glasfassade der Nordseite spiegelt das gegenüberliegende historische Paris wider, während die Südseite die Struktur orientalischer Arabesken zeigt; die »mozz-arabischen« sternförmigen Fenster auf dieser Seite lassen sich in diese Richtung dank fotoelektrischer Zellen wie Blenden öffnen und schließen, um den Lichteinfall zu regeln. So entstehen im Innenraum arabeske Licht- und Schattenspiele, die zur Kontemplation einladen.

Zum 25-jährigen Jubiläum wurde das Museum für arabische Kunst nach dreijähriger Renovierung im Februar 2012 wiedereröffnet. Anders als zuvor zeigt es statt ausschließlich islamischer Kunst historische und zeitgenössische Objekte und Installationen aus der gesamten arabischen Welt. Das Institut beherbergt neben dem Museum auch eine Bibliothek, eine Mediathek, ein Auditorium und eine Buchhandlung für arabische Literatur. Von der Dachterrasse hat man einen herrlichen Blick über Paris und die Inseln und genießt im Schatten von Olivenbäumen arabisches Gebäck und Tee aus marokkanischer Minze.

Latein und Küchenlatein – Quartier Latin

Das Quartier ist immer noch die von Studenten und Intellektuellen bevorzugte Wohngegend in Paris. Hier liegen die Sorbonne, die zu den ältesten und größten

1 *Moderne Architektur und arabische Tradition verschmelzen im Institut du Monde Arabe (IMA).* – 2 *Detailreiche Arbeiten arabischer Steinmetze im Innenhof der Pariser Moschee.* – 3 *Das Café der Moschee ist eine authentische Kulisse für eine Tasse frischen Minzetee.*

Universitäten der Welt zählt, etliche andere Pariser Eliteschulen und einige renommierte Gymnasien, auf die Pariser Familien auch heute noch gerne ihre Kinder schicken. Das moderne Quartier Latin ist jung, lebendig und attraktiv.

Kein Wunder, dass seine kleinen Straßen und Plätze, an denen es Bars und Bistros en masse gibt, zum Teil einen eher unangenehmen Amüsiertourismus anziehen. Die Rue Saint-Séverin beispielsweise ist fest in den Händen von Imbisskneipen, Souvenirläden und pseudo-authentischen Bistros. Hier geht's vermeintlich lustig zu: Ein gewitzter Wirt wirft mit Tellern, und als Zeichen studentisch-aufmüpfiger Atmosphäre kehrt man die Scherben dann einfach vor die Türe. Wer sich am liebsten von schwarz gegrillten Fleischspießen und Pasta-Pampe ernährt, ist hier richtig. Das Quartier Latin hat auch noch andere, wirklich schöne Seiten. Zum Beispiel in den krummen Gassen bei der Kirche Sainte-Etienne du Mont auf der Rückseite des Panthéon.

An der Ecke Rue de l'École Polytechnique und der Rue de la Montagne Sainte-Geneviève liegt »Les Pipos«, ein altes Weinbistro, in dem ländlich-deftige Gerichte und krosses ökologisches Brot von der Boulangerie »Michel Moisan« auf den Tisch kommen. Am Panthéon, im Gewirr der Sträßchen, die bis hoch zur Place de la Contrescarpe führen, in der Rue Mouffetard und den angrenzenden Gassen ist die Szene noch lebendig.

Vor dem Entstehen der universitären Tradition prägte die Kirche das Leben auf dem Berg der Heiligen Genoveva. Bis zum Spätmittelalter waren viele religiöse Einrichtungen entstanden. Neue Ideen wurden diskutiert, Dogmen infrage gestellt, kurzum: Dem Kanzler von Notre-Dame roch das sehr nach Aufruhr. Die kritischen jungen Theologen, die sich in Rededuellen maßen und in die Lehre drängten, sollten wieder auf Linie gebracht werden. Wer sich nicht unterwerfen wollte, predigte und diskutierte außerhalb der Kirchen- und Klostermauern. Aus dieser Tradition entstanden auf der Montagne Sainte-Geneviève Stätten der Geisteswissenschaften. Im Jahr 1215 verlieh der Gesandte des Papstes der Universität ihre Statuten. Latein war die Sprache der Kirche und der Wissenschaft und damit die des Lateiner-Quartiers, des Quartier Latin, wie man es nun nannte. Ansonsten war »Küchenlatein« die Umgangssprache. Selbst Händler und Wirte holperten durch die Sprache Senecas. Um 1250 führten etwa 700 »Scholaren« ihr Studentenleben an den Collèges.

An herausragender Stelle stand bald die Sorbonne, das von Robert de Sorbon, Kaplan und Beichtvater von Louis IX., im Jahr 1257 gegründete Kolleg für mittellose Theologiestudenten. Hier fanden seit dem Spätmittelalter die Sitzungen der theologischen Fakultät statt, und bis in die Neuzeit wurden hier viele für den Katholizismus in Frankreich prägende Entscheidungen getroffen. Anfang des 16. Jahrhunderts kamen weitere wissenschaftliche Einrichtungen dazu, und im 17. Jahrhundert das Collège de France. Die Revolution brachte die Grandes Écoles, heutzutage die Elite-Fakultäten Frankreichs. Nachdem Richelieu die Sorbonne im 17. Jahrhundert erweiterte, entwickelte sie sich im 19. Jahrhundert zur größten und sicher berühmtesten Universität Frankreichs. Natürlich sind im 21. Jahrhundert nicht mehr alle Fakultäten in den historischen Gemäuern untergebracht.Die universitäre Tradition und der Name ziehen jedoch immer noch Studenten aus aller

1 *Blick von Notre-Dame auf das Quartier Latin am Abend.* – 2 *Die Rue Mouffetard ist ein Paradies für Liebhaber von Delikatessen und Wein.* – 3 *Bistros wie das »Le Mouffetard« bieten an einer der ältesten Straßen der Stadt erschwingliche traditionelle Küche.*

EPICES
HUITRES POISSONNERIE QUONIAM COQUILLAGES
BOULANGERIE
LES CHANTS DE BLÉ

2

RESTAURANT
Café
Thé
Chocolat
Plats du Jour.

3

1

Welt an. Inzwischen haben die Universitäten von Paris – 13 an der Zahl – nicht mehr genug Platz im Quartier Latin. Aufgrund der großen Nachfrage nach hochqualifizierten Kursangeboten außerhalb der Semester entstand an der Sorbonne die internationale »Summer school«. Sie steht jedermann offen, Bedingung sind allerdings sehr gute Französischkenntnisse.

Ein Platz für große Männer

Auf dem Hügel der Heiligen Genoveva stand bereits im 5. Jahrhundert eine erste Kapelle. Die Heilige hatte die verängstigte Bevölkerung davon abgehalten, vor den einfallenden Hunnen zu fliehen, da sie mit Gottes Hilfe vorher besiegt werden würden. Als das weströmische Heer 451 Attila und seine Krieger noch weit vor Paris auf den Katalaunischen Feldern (in der heutigen Champagne) besiegte, gab ihr die Geschichte recht: Seitdem verehren die Pariser sie als Schutzpatronin. Im 12. Jahrhundert ersetzte man die Kapelle durch die Abteikirche der Genovevianer-Mönche, die auf der Montagne Sainte-Geneviève bescheiden lebten und wirkten. Im 17. Jahrhundert hatte der Orden derart an Macht gewonnen, dass ein angemessener Bau diesen Status unterstreichen sollte. Die Realisierung des kirchlichen Prestigeprojekts verzögerte sich wegen der fehlenden königlichen »Baugenehmigung« um etwa 100 Jahre. Eine gigantische Kuppel in Form des griechischen Kreuzes markiert seither im Stadtbild die Stelle, an der die Grabstätte der Stadtpatronin lag. Bei Fertigstellung des Portikus schrieb man bereits das Jahr 1790, und es war ein neues Bauverfahren angewendet worden: Beton in Verbindung mit einer Armierung, einem Material, wie man es vom äußeren Anschein her nicht vermuten würde. Der Portikus mit seinen 22 kannelierten Säulen spiegelt die Einflüsse der Antike und des klassischen Roms auf die Architektur Frankreichs im 17. Jahrhundert wider.
Am besten nähert man sich dem Panthéon vom Jardin de Luxembourg über die Rue Soufflot kommend; Soufflot war der junge Architekt, dem Louis XV. im Jahr 1757 den Entwurf dieser riesigen Kirche genehmigte. Der vorgelagerte Platz, die Place du Panthéon, wird von Gebäuden mit klassizistischen Fassaden eingefasst. Tritt man aus der Rue Soufflot heraus in den Halbkreis dieser Gebäude, fällt der Blick unverstellt auf das Panthéon, das sich in Form und Funktion auf den berühmten Kirchenbau in Rom bezieht. Die Revolution fegte jede religiöse Nutzung hinweg. Nicht Heilige, nein, »Grands Hommes«, große Männer, sollten jetzt verehrt werden, wie etwa Voltaire und Rousseau. Seit den Beerdigungsfeierlichkeiten für Victor Hugo 1885 fungiert das Panthéon endgültig als Frankreichs Ruhmeshalle. »Den großen Männern, das dankbare Vaterland«, verkündet die Inschrift auf der Portalseite und würdigt damit Alexandre Dumas den Älteren, Voltaire, Victor Hugo, Émile Zola, Jean-Jacques Rousseau, Jean Moulin und andere Größen der Grande Nation.

1 *Das Panthéon, letzte Ruhestätte für Staatsgrößen.* – 2 *Mit einem Pendel gelang Foucault 1851 unter der Kuppel des Panthéon der Nachweis der Erdrotation.* – 3 *Die allegorische Figur Patria von David d'Angers im Relief des Dreiecksgiebels.* – 4 *Die Fresken zum Leben der Heiligen Genoveva im Inneren schuf Pierre Puvis de Chavannes.*

Von der Tour Montparnasse aus ist das Panthéon ein Blickfang im Häusermeer des Quartier Latin. Der Säulenring unter der Kuppel ist der römischen Bauweise geschuldet. »Den großen Männern, das dankbare Vaterland«, lautet der pathetische Text unter dem Giebeldreieck.

Saint-Germain und Montparnasse

Cafés und Brasserien, in denen Literatur- und Kunstgeschichte geschrieben wurde – das ist das Image von Saint-Germain und Montparnasse. Wo trafen sich Sartre und Simone de Beauvoir? Wo gingen Dalí und Picasso ein und aus? Auch heute finden die Pariser Feuilletonisten immer noch genügend Stoff. Ob Mode, Filmbusiness, Kunsthandel oder Literaturbetrieb – die Szene lebt an der Rive Gauche.

Wer von der Tour Montparnasse über Paris blickt, dem fällt die grüne Oase des Jardin du Luxembourg ins Auge. Im ehemaligen Schloss, dem Palais du Luxembourg, tagt heute der Pariser Senat. Maria von Medici ließ das Schloss und den Garten Anfang des 17. Jhs. noch außerhalb der Stadtgrenzen anlegen.

Boulevards der Boheme

Jardin du Luxembourg – Saint-Germain-des-Prés – La Butte-aux-Cailles – Musée d'Orsay – Montparnasse

Den Jardin du Luxembourg ließ die Witwe Henris I., Marie de Médicis, anlegen. Die aus Florenz stammende Médici verließ den Königspalast Louvre, um auf dem linken Seineufer eine eigene, »toskanische« Residenz zu beziehen. Hierfür brachte man die Pläne des Palastes ihrer Familie, des Palazzo Pitti in Florenz, nach Paris. Sie dienten dem Architekten Salomon de Brosse als Grundlage für den Palais du Luxembourg, der heute Sitz des Senats ist. 1615 begann der Bau, in den Marie de Médicis zehn Jahre später einzog. Brosse lockerte die strenge Gliederung des ursprünglichen Plans: Es entstand eine vielteilige Anlage, die durch Ehrenhof, Pavillon, Arkaden und schmale Flügelbauten Züge eines französischen Château zeigt. Als Erster der Pariser Palais war es von einer ausgedehnten Gartenanlage umgeben. Unter Napoleon kamen die Balustrade und das Bassin hinzu, zudem legte man einen Englischen Garten an. Aus dem »giardino« der Marie de Médicis wurde ein weitläufiger Park, der seit 1820 dem Publikum offen steht.

Hemingways Garten

Heute bildet der Jardin du Luxembourg inmitten der Stadt eine Oase der Ruhe und Entspannung. Der Lieblingsgarten der Pariser liegt zwischen dem Quartier Latin und den breiten Boulevards von Saint-Germain-des-Prés. Außer den fest installierten Parkbänken stehen dort Gartenstühle, die man in die Sonne oder in den Schatten der großen Kastanien rücken kann, um ein Schauspiel in vielen Szenen zu genießen: große und kleine Kinder lassen ferngesteuerte Schiffchen im großen Wasserbecken kreuzen, das nostalgische Karussell an der Westseite des Parks dreht sich ohne Unterlass, eine kleine Karawane trabt vorbei – die stolzen Reiter auf ihren Ponys werden den »Stallgeruch« mit in die vornehmen Stadtwohnungen tragen. Müde gelaufene Touristen strecken die Beine aus, und die Liebespaare sind glücklich und blind für die Welt außerhalb »ihrer« Parkbank.

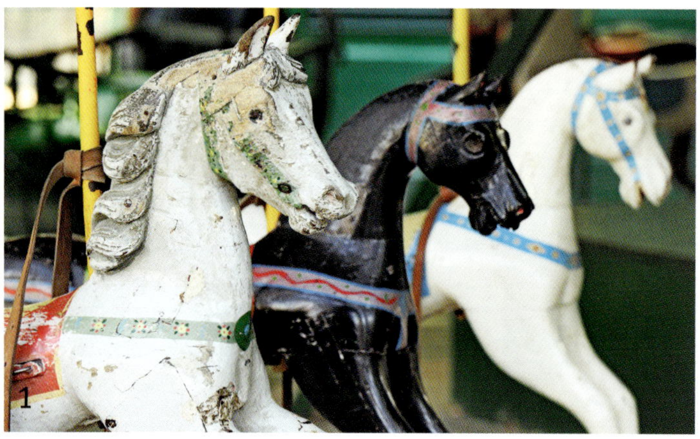

»Jetzt hatte man sich daran gewöhnt, die kahlen Bäume gegen den Himmel zu sehen, und man ging auf frisch gewaschenen Kieswegen durch die Gärten des Jardin du Luxembourg. Wenn man sich damit abgefunden hatte, sahen die Bäume ohne ihre Blätter wie Skulpturen aus, und die Winterwinde bliesen über die Oberflächen der Teiche, und die Fontänen stäubten in dem hellen Licht« –, es ist der junge Ernest Hemingway, der hier den Weg durch den winterlichen Jardin du Luxembourg nimmt. Allerdings nicht auf den Pfaden der Liebe, sondern wegen einer lieb gewonnenen Gewohnheit: »... wenn das Licht im Luxembourg schwand, pflegte ich durch die Gärten hinaufzugehen und in der Atelierwohnung Rue Fleurus 27, in der Gertrude Stein wohnte, vorzusprechen.«
In dieser ruhigen Straße residierte Miss Stein, von der Hemingway sagt, dass sie ihn an eine norditalienische Bäuerin erinnert habe, »mit ihrem ausdrucksvollen Gesicht und dem schönen, dichten, lebendigen Haar einer Einwanderin, das sie in derselben Art aufgesteckt trug, wie sie es wahrscheinlich im College getragen hatte«. Die Freundin von Gertrude Stein – Alice B. Toklas –, fanden Hemingway und seine Frau allerdings »zum Fürchten«. Den Weg durch den Park nahmen die beiden jedoch gern, nicht nur weil sie das »große Studio mit den wunderbaren Bil-

1 *Betagte Freudenträger: auf dem Karussell im Jardin du Luxembourg.* – 2 *Blumenidylle im Garten des Palais du Luxembourg.* – 3 *Mit einem guten Buch oder zu zweit kann man sich an der Fontaine de Médicis, einem von Efeu und Platanen umrankten Nymphäum, herrlich von der städtischen Hektik erholen.*

2

3

1

dern« herrlich fanden, sondern auch weil Miss Stein zum Tee stets einen guten Quetsch, Mirabelle oder Framboise, servierte. Solch feine Edelbrände kann man heutzutage in der Café-Bar-Brasserie »L'Étudiant«, Rue Fleurus Nummer 22, schräg gegenüber von Hemingways damaligem Anlaufspunkt, genießen. Die Empfehlungen der Tageskarte sind einen Versuch wert, und da sich dort schon immer ein Café befand, waren vielleicht auch Gertrude und ihre Freundin Alice hin und wieder auf einen Café au Lait hier. Hemingway und Gertrude Stein, aber auch Dalí, Picasso, Buñuel und Josephine Baker ließ Woody Allen 2011 in seinem Film »Midnight in Paris« wiederauferstehen.

Die Cafés littéraires von Saint-Germain-des-Prés

Lange Zeit war Saint-Germain-des-Prés ein ruhiger, vom Adel bevorzugter Ort – sozusagen die beste Lage für ein Stadtpalais. Erst im 18. Jahrhundert machte das aufstrebende Bürgertum mit seinen Prestigebauten an den Champs-Élysées dem Boulevard an der Rive Gauche diesen Rang streitig. Ende des 19. Jahrhunderts begann es dann am Boulevard Saint-Germain zu gären: Das Quartier geriet zunehmend in den Einflussbereich der nahen Universität mit ihren zahlreichen Fakultäten und ihrer intellektuellen Szene. Was dort schon lange an der Tages-, pardon, Nachtordnung war, brandete jetzt bis auf die Trottoirs von Saint-Germain-des-Prés. Auf einmal gab es ein Publikum auf den Straßen, und es entstanden die berühmtesten Cafés von Paris: das »Les Deux Magots« 1873 und das »Café de Flore« im Jahr 1887.

In den wilden 1920er- und 1930er-Jahren sorgte vor allem ein neuer Begriff für philosophische und literarische Debatten: Surrealismus! Seine Vertreter Louis Aragon, André Breton und Guillaume Apollinaire waren Stammgäste im »Café de Flore«. Apollinaire, der große Dichter, machte es zu seinem »Arbeitszimmer«.

Das Café an der Ecke Rue Bonaparte zog sie bald alle magnetisch an, die Intellektuellen, Schriftsteller, Maler, Verleger und Cineasten. Bis zur »L'Occupation«, der Besetzung von Paris unter den Deutschen (1940–1944), traf man hier die Brüder Giacometti, Picasso oder Léo Malet, der diesem Stadtviertel nach dem Krieg im Kriminalroman *Die Nächte von Saint-Germain* ein Denkmal setzte.

Wer seinem Protagonisten Nestor Burma, einem lakonischen Privatdetektiv, in die »existenzialistische« Atmosphäre jener Nachkriegsjahre folgt, macht eine Zeitreise in die Welt der Anarchisten und der Boheme, trifft auf schwarzen Jazz, Namen wie Boris Vian, verlorene Schöne. Er landet in Absteigen und in den Cafés »Flore« und »Les Deux Magots« gleich nebenan.

Aber noch ist es in Paris nicht so weit, noch sind die Besatzungstruppen in Paris allgegenwärtig – nur nicht im »Flore«, der Domäne eines schmächtigen Herrn mit starken Brillengläsern und seiner schönen Begleiterin.

Heute noch pilgern Touristen zu diesen Cafés, suchen an den Wänden nach Fotos vom »großen Existenzialisten« und wollen wissen, wo Sartre und Simone de Beauvoir saßen. Nun, sie saßen am Ofen, mitten im Raum, und um sie herum Freunde und Gleichgesinnte. Noch während der deutschen Besatzungszeit schrieb Sartre dort an dem Werk, das den Existenzialismus begründen sollte: *Das Sein und das Nichts*. Und die Beauvoir arbeitete an ihrem ersten Roman »Sie kam und blieb«. Sartre meinte einmal, es sei bizarr, aber »im ›Flore‹ waren wir unter uns«. Einen jungen Amerikaner namens Ernest Hemingway hingegen zog es in das »Deux Magots«. Picasso, der sich auch bei der Wahl des Cafés nicht gern festlegte, lernte

1 *Gottesdienst in der ursprünglich romanischen Abteikirche Saint-Germain-des-Prés.*
2 *Skulpturen ohne Kopf in der Salle Notre-Dame de Paris des Musée Cluny. Im selben Saal sind auch die Abbildungen der Köpfe der judäischen Könige zu sehen.*

dort Dora Maar kennen. Antoine de Saint-Exupéry überarbeitete hier seine Manuskripte, wenn er nicht gerade auf einer abenteuerlichen Flugroute unterwegs war. Die beiden Konkurrenzcafés von Saint-Germain-des-Prés hatten eines gemeinsam: Sie waren Orte der Freundschaft, der intellektuellen Auseinandersetzung, ein großer Versuch, an dem jeder mit seinen Ideen, Vorstellungen, Träumen und Visionen von Freiheit mitexperimentieren konnte. Ernst musste es deswegen noch lange nicht zugehen. Gern wird im »Café de Flore« aus dieser Zeit die Geschichte erzählt, als Arthur Koestler, Ernest Hemingway, Truman Capote und Lawrence Durrell Mitglieder im »PCF« waren. Der Pouilly Club de France verdankt seinen Namen dem berühmten Weißwein, der übrigens heute noch auf der Karte des »Flore« zu finden ist.
In den 1960er-Jahren, als das Kino eine große Rolle spielte, bildeten die Stars der Nouvelle Vague das illustre Publikum des Cafés: Jean Seberg, Jean Paul Belmondo, Alain Delon, Brigitte Bardot und Jane Fonda bevorzugten die Terrasse – sehen und gesehen werden … Innen konnte man Alain Robbe-Grillet oder die Sagan entdecken oder Dalí, den surrealistischen Magier. Und dann die großen Namen der Mode: Yves Saint-Laurent, Paco Rabanne, der junge Lagerfeld! In den 1980ern waren die Cafés endgültig eine Legende, der ein Serge Gainsbourg oder ein Gianni Agnelli, eine Cathérine Deneuve oder eine Sonia Rykiel ständig neue Impulse gaben. Heute würde man das Kult nennen: Kultautor Paulo Coelho zählte ebenso zu den Gästen wie Kultfilmer Francis Ford Coppola und viele Stars des amerikanischen Films. Und die Geschichte geht weiter – mit Literaturpreisen! Beide Cafés haben einen Preis aus der Taufe gehoben: das »Deux Magots« schon 1933 mit Raymond Queneau als erstem Preisträger; das »Café de Flore« verlieh den Prix de Flore für französischsprachige Werke junger Autoren im November 2011 zum 18. Mal. Der 19-jährige Marien Defalvard bekam ihn für seinen Roman *Du temps qu on existait* (Grasset) über das Leben eines rastlosen Wanderers durch Frankreich seit den 1970er-Jahren. Jurymitglied und Mitbegründer dieses Preises ist der französische Schriftsteller Frédéric Beigbeder.
Da war doch noch was – ach ja, der Kaffee. Ein Tässchen kostet so viel wie ein Pfund vom Besten …

Eine Dosis Dorf: La Butte-aux-Cailles

Es war im Jahr 1543, als Monsieur Pierre Cailles ein bewaldetes Hügelchen im ländlichen Süden von Paris erwarb. Seitdem wurde die Butte-aux-Cailles, der Hügel von Cailles, wirtschaftlich genutzt: Zu ihren Füßen, an den Ufern des Flüsschens Bièvre, siedelten sich Metzger, Gerber und Färber an, auf dem Hügel brach man Kalksandstein für die wachsende Stadt Paris. Der Wald verschwand, und stattdes-

1 *»Les Deux Magots« in Saint-Germain-des-Prés ist eine Legende unter den Pariser Literaturcafés vom Ende des 19. Jhs.* – 2 *Innen verströmen hohe Decken und Kronleuchter Belle-Époque-Flair.* – 3 und 4 *Das »Café de Flore« blickt ebenfalls auf literarischen Ruhm zurück und ist noch heute mittags wie abends ein beliebter Treffpunkt.*

Café de Flore
CAFE DE FLORE
BOULEVARD
SAINT GERMAIN
PETITS DEJEUNERS
PUMA

1

sen entstand ein Dorf entlang der heutigen Straße Rue de la Butte-aux-Cailles.
Am 21. November 1783 erhielten die Kühe auf den Dorfwiesen Besuch von ganz oben: Der Physiker Jean-François Pilatre de Rozier und der Marquis d'Arlandes starteten mit ihrem Heißluftballon in Paris zur ersten bemannten Luftfahrt der Erde. Die zwölf Kilometer bis zu ihrer Landung auf der Butte-aux-Cailles legten sie in 20 Minuten zurück! So lange dauert heute die Fahrt mit der Metro. Anfang des 20. Jahrhunderts, die Metropole hatte sich das Dorf schon einverleibt, wurde die Bièvre überbaut und an das weitverzweigte unterirdische Labyrinth aus Flüssen, Bächen und Abwasserkanälen angeschlossen, das den Pariser Untergrund durchzieht. In den 1960er- und 1970er-Jahren riss man im 13. Arrondissement viel ab. Moderne Wohntürme entstanden anstelle der bescheidenen Häuschen, und die Betonburgen rückten nahe an den Hügel heran. Die Butte hatte Glück, viele Projekte wurden doch nicht realisiert. Geblieben sind Straßenzüge mit niedrigen Häusern und dörfliche Idylle. Auch in der Rue des Cinq-Diamants, der Rue de l'Esperance und um die Place Paul Verlaine herum findet man nach wie vor eine friedlich-ländliche Atmosphäre. Man kennt sich im Viertel und führt das beschauliche Leben wie sonst in »la France profonde«, in Frankreichs Provinzen. Hier haben Hausfrauen noch Zeit für ein Schwätzchen vor dem Gemüseladen. Handwerker treffen sich zu einem »Petit noir«, dem kleinen schwarzen Kaffee, an der Bar. Beim Boulanger riecht es nach frisch gebackenem Baguette. Unspektakulär, aber schön.
Die Dosis Dorf wirkt Wunder: Nach einem gemütlich verbummelten Nachmittag auf der Butte ist man wieder fit für die Metropole mit all ihren Reizen und Aktivitäten und »fährt nach Paris«, wie die Bewohner hier sagen. Die Städter ihrerseits kommen gern hierher, denn es hat sich unter jungen Leuten herumgesprochen, dass man auf der Butte gut und günstig essen kann. »Boudin noir«, Blutwürste auf normannische Art, sind die Spezialität im »Le Temps des Cerises« in der Rue de la Butte-aux-Cailles, dessen Name an die Hymne der Kommunarden erinnert: Zu Zeiten der Pariser Commune (1871) leisteten aufständische Handwerker der Butte der republikanischen Armee am längsten Widerstand. Um die Ecke, in der Rue des Cinq-Diamants Nummer 43, locken bei »Hansel et Gretel« zwei freundliche Hexen den hungrigen Gast. Sarah und Murielle locken mit märchenhaftem Zuckerzeug und Backwerk ins »Maison des Délices Enchantées«. Von der Metrostation »Corvisart« bis in die kleine Welt auf der Butte sind es nur ein paar Schritte.

Endstation Kunst

Eigentlich verdankt Paris eines seiner faszinierendsten Museen einer Fehlplanung. Die ehemalige Gare d'Orsay war der erste für elektrisch betriebene Eisenbahnen konstruierte Bahnhof. Am 14. Juli 1900,

2

3

4

1 *Großer Bahnhof für die Kunst: Das Musée d'Orsay präsentiert Impressionistisches.*
2 *Die ehemalige Bahnhofsuhr ist ein Kunstwerk für sich.* – 3 *Die Elefantenskulptur wacht vor dem für die Weltausstellung von 1900 zum Kunstmuseum umfunktionierten Bahnhof.* – 4 *Die hohe Glaskuppel bildet einen großzügigen Rahmen für die Werke.*

zum französischen Nationalfeiertag und aus Anlass der Weltausstellung, fand mit Pomp und Gloria die Eröffnung dieser Kathedrale der Technik statt. Doch schon 1939 war die Technik so weit vorausgeeilt, dass sich die Bahnsteige für die neuen Züge als zu kurz erwiesen und man den Bahnhof stilllegte. In den 1960er-Jahren galt sein Abriss als beschlossene Sache, nur noch einmal gingen in der Riesenhalle die Lichter an: 1962 drehte Orson Welles in dieser Kulisse einige Szenen seines Films »Der Prozess« nach dem Roman von Franz Kafka.

Dass diese Metallträgerkonstruktion überlebt hat, hängt auch mit der allgemeinen Empörung über den Abriss der Pariser Markthallen im Jahr 1971 zusammen: Man hatte damals ein Stück Paris unwiederbringlich zerstört, und das sollte nicht noch einmal passieren. Der damalige Staatspräsident Valery Giscard d'Estaing fasste den Entschluss, den Bahnhof in ein Museum umzufunktionieren. Unter seinem Nachfolger, François Mitterrand, kam dann 1986 die Kunst des ausgehenden 19. und des beginnenden 20. Jahrhunderts in der riesigen Halle an.

Die Verwandlung vom Bahnhof zum Museum bewerkstelligte ein Team aus drei französischen Architekten und der Italienerin Gae Aulenti, der mit der Innenarchitektur nicht nur eine angemessene Präsentation der Exponate, sondern auch ein großartiger Raumeindruck gelungen ist. Das Musée d'Orsay berücksichtigt außer den »klassischen« Ausdrucksformen Malerei und Skulptur auch Kunsthandwerk, Grafik und Fotografie. Einen Schwerpunkt bildet die Beziehung zwischen der Kunst und ihrem historischen, gesellschaftlichen und wirtschaftlichen Rahmen. Die Werke stammen aus Schenkungen und zum großen Teil aus Pariser Museen wie dem Louvre, dem Museum des Jeu de Paume und dem Palais de Tokyo. Nach zweijähriger Restaurierung wirkt es seit 2011 noch heller. In den Ausstellungsräumen mit modern gestalteten Wänden und in den großzügigen historischen Gebäuden kommen Meisterwerke wie Manets »Picknick im Grünen«, Courbets berühmtes »Begräbnis von Ornans«, Cézannes »Porträt der Mutter des Künstlers« und der »Ball im Moulin de la Galette« von Renoir hervorragend zur Geltung.

Maupassant, verzweifelt gesucht

Die Pariser Friedhöfe sind etwas ganz Besonderes – auf dem Père-Lachaise, Montmartre und Montparnasse befände man sich in illustrer Gesellschaft, könnte man dort noch heute seine letzte Ruhestätte finden. Doch selbst für Pariser aus den entsprechenden Vierteln ist das schwierig, vor allem auf dem Cimetière Montparnasse, wo es nur Dauergräber gibt. Ein Neuzugang hat nur eine Chance, wenn eine Familie so pietätlos wäre und ihre Grabstätte verfallen ließe.

Die meisten Friedhofsbesucher, die mit Blumen und Lageplan die stillen Avenuen und Alleen abschreiten, sind keine trauernden Angehörigen, sondern Fans und Bildungstouristen. Und da es bei der Größe des Friedhofs nicht ganz einfach ist, die gesuchte Grabstätte zu finden, kommt man schnell ins Gespräch und stellt fest, dass man sich in internationaler Gemeinschaft befindet. Zusammen mit einem britischen Professorenehepaar begibt man sich etwa auf die Suche nach Charles Baudelaire, »this wonderful decadent poet!«, von dessen letzter Ruhestätte man ein prächtiges Monument erwartet. Doch weit gefehlt!

An der Mauer der Rue Émile Richard, die den Cimetière Montparnasse in zwei Hälften teilt, befindet sich zwar ein symbolträchtiges Denkmal für den Autor der

1 *Spurensuche auf dem Cimetière Montparnasse: das Grab von Charles Baudelaire, dem Autor der* Fleurs du Mal. – 2 *Der Friedhof und seine Kapellen integrieren sich gut in das bürgerliche Viertel mit seiner klassizistischen Architektur.*

2

1

2

»Fleurs du Mal«, das schlichte Grab liegt aber am anderen Ende des Friedhofs. Zu Lebzeiten genoss Baudelaire nämlich nicht den Ruhm und die Wertschätzung, die seinem Werk heute entgegengebracht wird. Baudelaire, den Alkohol, Opium und die Folgen einer zu spät erkannten Syphilis in körperlichen und geistigen Ruin getrieben hatten, starb am 31. August 1867 mit nur 46 Jahren in einer Heilanstalt. Bis auf wenige Literaten, die trotz seiner Exzesse zu ihm hielten, verweigerte ihm die Pariser Gesellschaft die Anerkennung. Auch in seiner Familie fand Baudelaire keinen Halt. Seinen Stiefvater Jacques Aupick, einen hochdekorierten Politiker, verabscheute Charles Baudelaire ebenso heftig wie er seine Mutter liebte. Doch die Mutter, geprägt von bürgerlicher Moral und den Vorstellungen ihres zweiten Ehemanns, ließ den verschwendungs- und genusssüchtigen Sohn unter Vormundschaft stellen. Baudelaire, der sich als hemmungsloser Gegenentwurf zur Bourgoisie inszenierte, spielt auf dem Grabstein der vornehmen Aupicks nur eine zweizeilige Nebenrolle als Stiefsohn – und wird deshalb leicht übersehen.

Da haben Jean-Paul Sartre und Simone de Beauvoir eindeutig die besseren Plätze. Unweit des Haupteingangs, rechts in der Avenue du »Bouevart«, findet sich ihre gemeinsame Ruhestätte: ein schlichter heller Stein, ein gutbürgerliches Blumengesteck. Zigaretten, mit denen früher des Kettenrauchers Sartre gedacht wurde, findet man in Zeiten des öffentlichen Rauchverbots auch hier nicht mehr. Ein Kultort ist das Grab von Serge Gainsbourg (1928–1991). Die Ruhestätte des Sängers, der zeit seines Lebens laut und hemmungslos und gut für Skandale war, ist mit Fotos, Songtexten und Briefen überhäuft. Das Friedhofspersonal lässt die Fans gewähren. Sie seien ja auch stolz auf ihre »VIPs«, versichert einer der Wächter. Wir fragen ihn nach einem anderen berühmten Namen. Laut Auskunft liegt dieser im Bezirk 26. Auf der Suche nach Guy de Maupassant gerät man leicht in die Irre. Bald findet man Leidensgefährten und sucht nun gemeinsam. Ein letzter verzweifelter Blick auf den Plan, und auf einmal funkt es: Der Bezirk 26 wird durch die Rue Émile Richard geteilt, sodass es ihn gleich zwei Mal gibt. Wir verlassen also den größeren Teil des Friedhofs durch die Pforte Nummer 5, um gegenüber, durch die Pforte Nummer 4, den kleineren Friedhofsteil zu betreten. Und nun kann man getrost nach einem Monument Ausschau halten. An Maupassant erinnert eine bepflanzte Grabstätte, die von schmiedeeisernen Gittern umgeben ist. Den steinernen Sockel schmücken zwei mit Kapitellen versehene Säulen, die einen Aufsatz mit dem eingemeißelten Namen des Dichters tragen.

Guy de Maupassant wurde 1850 in eine Adelsfamilie geboren. Standesgemäß studierte er Jura, nahm 1870/71 am Deutsch-Französischen Krieg teil und trat ohne rechte Lust in den Staatsdienst ein. Gustave Flaubert, ein Freund seiner Mutter, unterstützte seine ersten literarischen Versuche. Maupassant, dem das Schreiben die Welt erträglich machte, gelang etwa mit *Bel Ami* ein Erfolgsroman. Der Dichter litt zunehmend an Gesundheitsproblemen, sein verdüsterter Geist führte zu einem Selbstmordversuch. 1893 stirbt er, knapp 43-jährig, in Passy bei Paris.

Die knapp 400 Meter lange Rue Émile Richard zwischen den Friedhofsmauern mündet stadteinwärts bei der Metrostation »Raspail« auf dem gleichnamigen Boulevard. Von hier sind es nur wenige Schritte zur Place Picasso mit ihren berühmten Brasserien »La Rotonde«, »Dôme« und »La Coupole«.

1 *Der Cimetière Montparnasse aus der Vogelperspektive.* – 2 *»La Coupole«, eine der berühmtesten Pariser Brasserien, ist ein Art-déco-Juwel.* – 3 *Außen ist vom Charme der vergangenen Jahrhunderte im Inneren nichts zu erahnen.*

2

1 *Die Fontaine des Quatre Points Cardinaux, der Brunnen der vier Himmelsrichtungen, auf der Place Saint-Sulpice.* – 2 *Die Kirche Saint-Sulpice in Saint-Germain-des-Prés dient auch als barocke Grabstätte für viele reiche französische Familien.* – 3 *Die von Charles de Wailly gestaltete Kanzel ist aus dem Film* The Da Vinci Code – Sakrileg *bekannt.* – 4 *Skulptur von Johannes dem Täufer.*
5 *Christus am Kreuz als Motiv eines Buntglasfensters.*

Vom Louvre zu den Champs-Élysées

Burg, Residenz, königliche Kunstgalerie, Museum der Superlative. Der Louvre war allen Regierungen großes Engagement wert. Von ihm führen die großen Sichtachsen durch Paris: nach Osten Richtung Bastille, nach Westen über Napoleons Arc de Triomphe hinaus bis zu Mitterrands »Großem Bogen« in La Défense.

Die Glaspyramide über dem Haupteingang des Louvre ist eines der Wahrzeichen von Paris. Sie besteht aus 603 rautenförmigen und 70 dreieckigen Glassegmenten und bringt trotz ihrer grazilen Anmutung um die 180 Tonnen auf die Waage.

Die Schokoladenseiten von Paris

Champs-Élysées – Place de la Concorde – Place de la Madeleine – Louvre – Place Vendôme

Mindestens zweimal im Jahr sind die Augen der Welt auf die Champs-Élysées gerichtet: beim Nationalfeiertag der Franzosen am 14. Juli und beim Abschluss der Tour de France wenig später. Jedes Jahr staunt das Ausland aufs Neue über die Begeisterung, mit der die Pariser die traditionelle Militärparade begleiten. Sie bejubeln nicht die militärische Autorität des Staates, sondern den Jahrestag der Revolution, der untrennbar mit der bürgerlichen Freiheit verbunden ist. Deshalb verwandeln sich die Champs-Élysées an diesem Tag wie jede Hauptstraße oder jeder zentrale Platz in Frankreichs Gemeinden in ein Volksfest.

Seit 1975 geraten nur ein bis zwei Wochen später die Massen erneut in einen Freudentaumel: Man fiebert den Fahrern der Tour de France entgegen. Endlich, die Lautsprecher haben sie schon lange angekündigt, endlich kommt die Spitze in Sicht! Aber da ist noch der kleine innerstädtische Rundkurs zu absolvieren, bevor sie die Siegerlinie endgültig überquert. Dann gibt es kein Halten mehr – Wildfremde fallen sich um den Hals, Champagner wird ausgeschenkt, und der Held der Tour ist der König des Tages. Ihren heroischen Charakter verdankt die »schönste Avenue der Welt« einem städtebaulichen Konzept, an dem man zu allen Zeiten festgehalten hat. Im Stil einer antiken »Via Triumphalis« bildet sie eine unverstellte Achse, die heute bei der Glaspyramide des Louvre beginnt. Sie führt geradewegs durch die Tuilerien und wird nach der Place de la Concorde zum 71 Meter breiten Band, das über den Arc de Triomphe hinaus bis zu La Grande Arche im Stadtteil La Défense reicht. In ihren Anfängen geht sie auf den Beginn des 16. Jahrhunderts zurück: Marie de Médicis, die junge Witwe Henris IV., verlängerte die Gartenanlage des Palais des Tuileries um eine Allee, den »Cours de la Reine«. Die Boboli-Gärten, die sich an den Palazzo Pitti in Florenz anschließen, waren ihr aus Kindertagen vertraut.

Im Jahr 1667 führte dann der große Gärtner Le Nôtre unter Ludwig XIV. die Achse weiter bis zum heutigen Rond-Point. Seit 1709 trägt die Allee den neuen Namen »Champs-Élysées«. Er bezieht sich auf die »Elysischen Felder«, die Gefilde der Heroen in der griechischen Mythologie. Dem heroischen Gedanken räumte man bald noch mehr Platz ein: 1724 verlängerte der Herzog von Antin die Champs-Élysées bis zur Place de l'Étoile. Sein Nachfolger, der Marquis de Marigny, führte sie fort bis zur Brücke nach Neuilly. Auf Initiative des damaligen Staatspräsidenten Mitterrand setzte man den vorläufig letzten Paukenschlag mit dem Ausbau bis zu La Grande Arche de la Fraternité im Stadtteil La Défense.

Sehen und gesehen werden

Nicht nur aus Prestigegründen liebten die Pariser ihre Champs-Élysées – sie boten auch viele Möglichkeiten, sich dort zu vergnügen. Im Jahr 1828 kamen die Champs-Élysées in den Besitz der Stadt, die sie bald bürgerfreundlich ausstattete: Trottoirs, Brunnen und Gaslaternen machten das Flanieren zum urbanen Vergnügen. Wie in allen europäischen Großstädten entstanden auch hier Ballhäuser, Cafés, Theater und Varietés. In Paris hatte man außerdem eine Passion für Panora-

1 *Die Pariser Champs-Élysées gelten weltweit als Inbegriff einer Flaniermeile und Prunkstraße.* – 2 *Am Abend besonders schillernd: der Blick von der Place de la Concorde zum Arc de Triomphe.* – 3 *Stilvolle Rast für Gourmets: bei »La Durée« auf den »Elysischen Feldern«.*

2

3

1

2

men, großformatige gemalte Landschaften als exotischen Kontrast zum städtischen Häusermeer. Das Théâtre Marigny in den Parkanlagen der Champs-Élysées erinnert noch heute an diese Mode.
Der Bau der Metro-Linie 1 im Jahr 1902 öffnete die Champs-Élysées noch größeren Bevölkerungsteilen. Es folgte ein Boom, in dem Häuser und Wohnungen der Luxusklasse, Hotels, Geschäfte und Autosalons entstanden. Der prächtige Stadtpalast »Hôtel de la Païva«, 25, Champs-Élysées, hat fast als einzige Adresse die Zeit überdauert. »La Païva«, geborene Therese Lakman, hatte Glück mit ihren vielen Männern, denen sie Adelstitel, Vermögen und Einfluss verdankte, und machte aus diesem »bescheidenen« Gemäuer das schönste »hôtel particulier parisien«.
Vor dem Zweiten Weltkrieg ließen sich immer mehr Unternehmen für Luxusgüter wie etwa Vuitton, Guerlain und Lanvin an den Champs-Élysées nieder. Wer hier noch wohnte, war entweder Hausmeister oder gehörte zum Wachpersonal. Der drohenden Verödung musste die Stadt entgegenwirken. Mit der Neugestaltung durch Bernard Huet 1994 sollte die Avenue wieder Ansehen und Glanz erhalten: breite gepflasterte Trottoirs, zusätzliche Platanenreihen, ein einheitliches Design für Bänke, Laternen und Kioske.
An den Champs-Élysées oder in direkter Nähe liegen etliche Besuchermagneten: das Théâtre Marigny, das Théâtre du Rond-Point, ebenfalls ein Panoramabau aus der Belle Époque sowie Grand Palais und Petit Palais; die beiden schönen Töchter der Belle Époque wurden aufwendig restauriert. Die große Schwester ist ein nationales Forum für Kunst, aber auch Messen, Modeschauen und andere Events finden unter dem riesigen Glasdach statt. Die kleine Schwester ist seit 2005 erneut der Sitz der Städtischen Kunstsammlung. Dem Grand Palais angeschlossen ist der Palais de la Découverte, bei dessen Konzeption der Nobelpreisträger für Physik (1926) Jean Perrin mitwirkte. Das Publikum kann hier selbst experimentell aktiv werden, auf wesentlich amüsantere Weise als im Physikunterricht.
Und schließlich liegt noch der Élysée-Palast, seit 1873 Sitz des französischen Präsidenten, nahe den Champs-Élysées. In der Belle Étage des Palastes befinden sich die Privatgemächer des Präsidenten. Wandteppiche aus der Gobelinmanufaktur, die immer noch für den Schmuck der staatlichen Gebäude zuständig ist, zieren das Arbeitszimmer, von dessen Rokokoschreibtisch aus Monsieur le President die Geschicke Frankreichs lenkt.

Place de la Concorde

Ein Platz für den König sollte es werden. Auch wenn Louis XV. in Versailles residierte, so war er hier doch in Form eines Reiterstandbilds vertreten. Und auch dieses verlangte nach einem würdigen Rahmen. Dem 1755 geschaffenen königlichen Platz war jedoch ein wechselvolles Schicksal beschieden, denn das Denkmal hielt dem Sturm der Geschichte gerade mal drei Jahrzehnte lang stand. Anders als die Place des Vosges sollte die neue »Place Louis XV« nicht rundum bebaut werden. Dies hätte die Achse Tuilerien – Champs-Élysées zerstört. Also brach der Architekt Louis François Trouard mit der Tradition und stattete den Platz nur an der Nordseite, links und rechts der Rue Royal, mit zwei mächtigen Gebäudekomplexen im Stil des Louvre aus. Hinter den riesenhaf-

3

1 *Charles Girault erbaute den Petit Palais für die Weltausstellung im Jahr 1900. Heute ist hier das Städtische Museum der Schönen Künste untergebracht.* – 2 *Entdeckungsreicher Schaufensterbummel an der Avenue des Champs-Élysées.* – 3 *Wachsoldat vor dem Palais de l'Élysée.*

ten Säulenreihen auf der linken Seite residieren heute in dezentem Luxus die Gäste des Hotels »Crillon«. Sie genießen einen wunderbaren Blick über den brunnengeschmückten Platz und den Obelisken bis hin zur Assemblé Nationale und der Tour Eiffel auf dem linken Seineufer. Das »Hôtel de Crillon« in Paris gehört zu den ältesten Hotels der Welt. Schon kurz nach der Fertigstellung des Gebäudes im Jahr 1758 hat man in einem Teil ein Hotel eingerichtet. 1788 kam es in den Besitz des Herzogs von Crillon und gehörte der Familie, außer während der Revolution, bis 1907. Mittlerweile ist das »Crillon« Bestandteil der Société du Louvre, die die Champagner-Dynastie Taittinger kontrolliert. Ganz anders ging es auf der Place de la Concorde während der Zeit der Revolution zu. Hier, am Beginn der Champs-Élysées, wurde 1793 die Guillotine aufgerichtet, und allein ein vornehmer Name konnte tödlich sein. Der Scharfrichter hatte das Sagen auf dem Platz, der nun natürlich »Place de la Revolution« hieß. König Louis XVI. und Königin Marie-Antoinette verloren ihre Häupter genauso unter dem Fallbeil wie Danton und Robespierre. Nach dem Ende der Schreckensherrschaft erhielt der Platz einen versöhnlichen Namen: 1795 benannte ihn die Regierung in »Place de la Concorde« um. Den Obelisken in der Mitte des Platzes stellte der Bürgerkönig Louis-Philippe 1836 auf. Das Geschenk des Vizekönigs von Ägypten, Mehmet Ali, schien ihm ein geeigneter, weil unpolitischer Schmuck zu sein. Darüber hinaus war es mit der Ehrung eines bedeutenden französischen Forschers verbunden: François Champallion war der Erste, der Hieroglyphenschriften entschlüsselte.

Schlemmen rund um die Madeleine

Jede französische Landschaft hat ihre Spezialitäten: Das Elsass hat sein Sauerkraut, die Auvergne ihre Würste, aus dem Périgord kommen schwarze Trüffel und aus der Bretagne Austern – nur Paris hat keine eigenständige Küche. Dafür gibt es in der Hauptstadt alles, und das im Überfluss. Paris ist das Mekka der Gourmets und ein Paradies für Gourmands. Schlemmen wie Gott in Frankreich? Nichts leichter als das. Paris hat immerhin mehr als 5000 Restaurants, Bistros und Bars, das Angebot reicht von der Drei-Sterne-Sensation bis zur deftigen Markt-Küche. Aber schlemmen wie Gott an der Seine? Ganz einfach – das Seineufer offeriert die besten Plätze, den besten Blick, und es ist hervorragend geeignet, um Leute zu beobachten. Was jetzt noch fehlt, ist ein stilvolles Picknick.

Man mache sich auf zu den Tempeln des »bon goût« rund um die Madeleine, wo das Angebot an Delikatessen überwältigend ist. Vom Seineufer über die Place de la Concorde bis zur Place de la Madeleine ist es nur ein kurzer Weg. Auf dem linken Trottoir locken die roten Tische und Stüh-

1 *Der Obelisk von Luxor an der Place de la Concorde war ein Staatsgeschenk aus Ägypten.* – 2 *Korinthische Säulen nach römischem Vorbild prägen die Kirche La Madeleine.* – 3 *Die Frauenstatue in der Kirche ist eine Allegorie für die Stadt Paris.* – 4 *Das Marineministerium im Osten der Place de la Concorde.* – 5 *Die Figuren an der Fontaine des Mers stellen unter anderem den Rhein und die Rhône dar.*

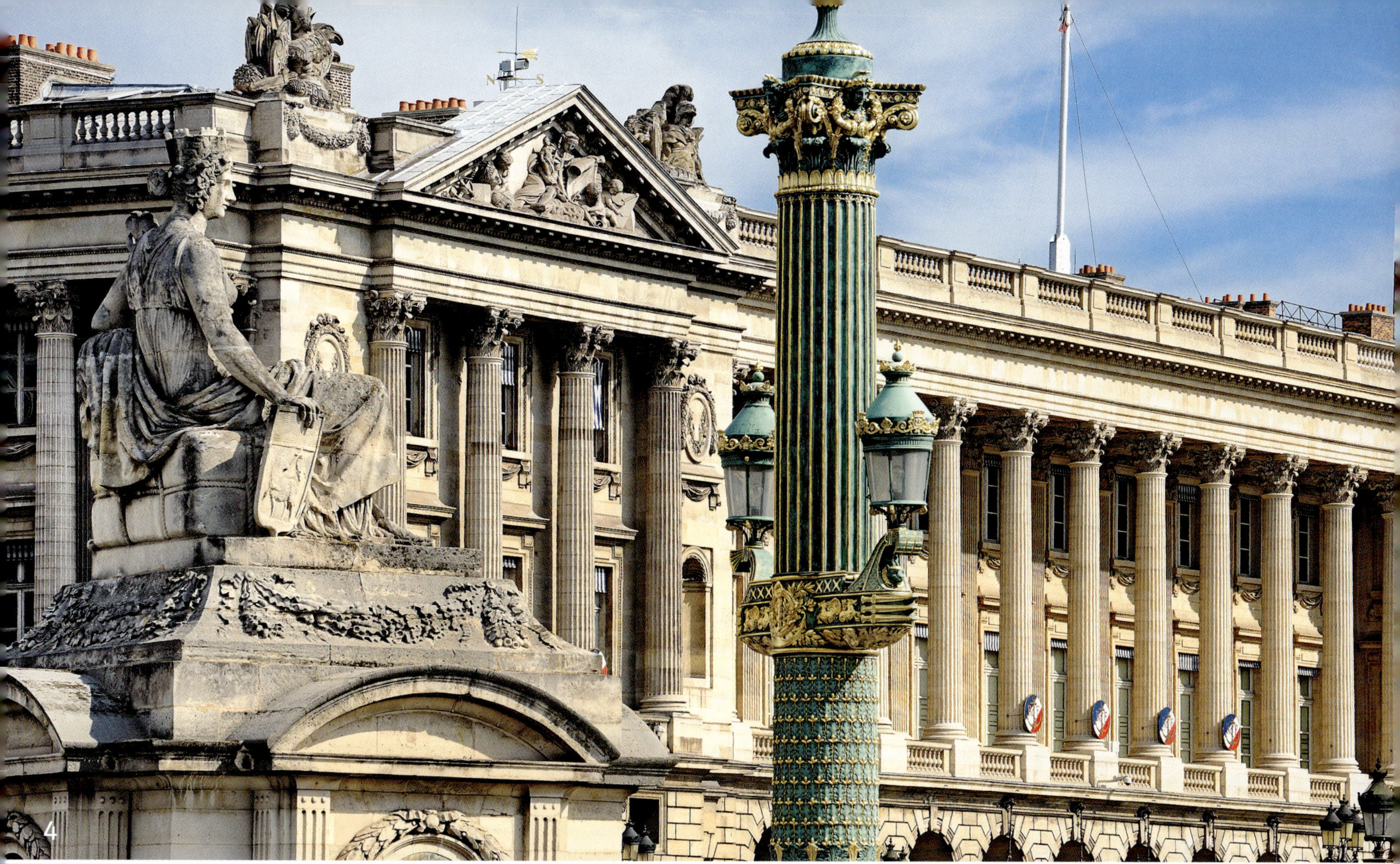

4

5

1

le des legendären »Maxim's«. »Heut gehen wir in's Maxim« – mit dem Ohrwurm aus Franz Lehars »Lustiger Witwe« im Kopf kommt man an der Madeleine an. Mit ihrer großen Freitreppe und der Säulenreihe nach antikem Vorbild thront die Kirche zur Heiligen Magdalena als würdiger Abschluss am Ende der Rue Royal. Alte Holzbuden des Blumenmarkts säumen sie, und es duftet intensiv nach Lilien, Freesien, Rosen und frischen Farnblättern. Proust verbrachte seine Kindheit im Haus Nummer 8. Und dann geht es los: Im Haus Nummer 6 sind allerhand scharfe Sachen zu finden – die Boutique »Maille« ist das Flagschiff der berühmten französischen Senfmarke. Neben einer beeindruckenden Auswahl an Senfkreationen, Gewürzen, Essig und Öl gibt es erstklassige Soßen und eingelegtes Gemüse. Nummer 21, Place de la Madeleine, ist die Adresse des Hauses »Fauchon«, eines Megadelikatessen-Imperiums, das 1885 mit einem bescheidenen Gemüsekarren im Schatten der Madeleine begann. Aber schon ein Jahr später konnte Auguste Félix Fauchon einen Laden für französische Spezialitäten eröffnen. Die Geschäfte gingen gut, die Weinkeller und die Patisserie entstanden. 1898 führte Fauchon den Five o'Clock Tea in Paris ein, englische Reisende fanden das »shocking«. Der »Grand Salon de Thé« wurde jedoch zur Institution. Das Teegeschäft ist übrigens immer noch mit mehr als 120 Sorten und exklusiven Mischungen ein Hauptpfeiler des Unternehmens. Die Telefonnummer »Central 43 54« kannte am Anfang des 19. Jahrhunderts jeder Page im »Ritz«, »Crillon« oder »Meurice« auswendig. Fauchon lieferte schon damals nach Wunsch zusammengestellte Gourmetplatten. Es dauerte nicht lange, bis eine zweite Filiale am Platz eröffnete. Der Schriftzug »Fauchon« tauchte bald überall in Paris auf. In großen weißen Lettern auf schwarzem Grund prangte er auf Tüten und Schachteln und auf einer ganzen Flotte von Lieferwagen. Das ist bis heute so. Alles vom Feinsten und perfekt durchgestylt: Eine Tragetasche von »Fauchon« kann es mit einem Edelbeutel von Chanel oder Dior aufnehmen – die Preise übrigens auch. Doch dafür bekommt man auch Bestes geboten: zarte Entenleberpastete und delikate Entenrillettes aus dem Périgord, dazu ein Bordeaux Sauternes Château Brondelle 2008? Etwas weißer Spargel, schärfster Roquefortsenf, kandierte Maronen, Cremekuchen mit Grand Marnier und als Krönung die Hausmarke »Champagne Fauchon« … à la vôtre! In den 1980er-Jahren kam noch ein dritter moderner Feinkosttempel am Platz dazu. Er liegt direkt neben der nächsten kulinarischen Versuchung, Haus Nummer 32, »Marquise de Sévigné«. Unter diesem Namen gibt es klassische Schokoladen und Pralinés in luxuriösen Verpackungen. Jetzt hat man den Platz halb umrundet und trifft schon wieder auf eine Erfolgsgeschichte. Die von »Hédiard« beginnt im Jahr 1880, als Ferdinand Hédiard das »Comptoir des Épices et des Colonies« an

2

der Madeleine eröffnet. Nicht nur die Köche der Pariser Grand Hotels kauften dort gerne, waren doch die Verkäuferinnen hübsche junge Mädchen aus Martinique. Auch heute ist ein Besuch bei »Hédiard«, 21, Place de la Madeleine, nicht ohne Folgen. Spätestens hier hebt man ab ins »univers dédié au bon goût«, ins Universum der Köstlichkeiten. Völlig losgelöst begutachtet man eine erlesene Auswahl an Weinen, und ein edler Arma-gnac rundet den Einkauf ab. Doch noch ist nicht alles überstanden. »La Maison de la Truffe«, die Hausnummer 19, ist zumindest einen Blick in die Auslagen wert. Neu eingetroffen: Trüffel aus dem Pie-

1 *Blick zur Madeleine von der Rue Royal aus.* – 2 *Ein Gourmet-Paradies in der Nähe der Madeleine: Der berühme Delikatessenladen »Hédiard« stellt seit 1880 ein eigenes Universum französischer Köstlichkeiten dar.*

mont, das Kilo für nur 4000 Euro, wer könnte da schon Nein sagen? Nun, man könnte ja das Brot von »Fauchon« mit etwas Trüffelöl beträufeln … Und last but not least lenkt man seine Schritte an Nummer 17 vorbei – oder hinein? »Caviar

Kaspia Paris«. Teuer. Edel. Aber mit Direktverkauf … und so ein ganz kleines Häppchen … könnte man doch, oder?

Das Louvre-Projekt

Der Rummel um das geheimnisvollste Lächeln der Welt tut in Zeiten knapper Kassen dem Etat des Louvre gut. Dem trug man Rechnung und quartierte 2005 die »Mona Lisa« um, die seither in einem größeren Gemach Hof hält, im ersten Stock des Denon-Flügels, Saal sechs, wie es prosaisch auf dem Plan des Louvre heißt. Dieser Saal sechs, die »Salle des États«, war sogar schon Tatort. Hier hat man die mysteriöse Botschaft entdeckt, die den Mord am Chefkurator des Louvre aufklärt.

Der Roman *Da Vinci Code* des Bestsellerautors Dan Brown (deutscher Titel *Sakrileg*) verkaufte sich weltweit, und da mochte die Direktion zur Verfilmung mit Tom Hanks und Audrey Tautou am Originalschauplatz nicht Nein sagen.

Fast so labyrinthisch wie der Thriller ist die Baugeschichte des Louvre. Das größte Museum der Welt, dessen Sammlungen im internationalen Ranking ganz oben stehen, wirkt einheitlich, klassizistisch. Dabei war der Gebäudekomplex über Jahrhunderte eine Großbaustelle. Fast jeder, der die Macht im Lande hatte, erweiterte, baute um, riss ab und plante neu.

Am Anfang des 12. Jahrhunderts stand an dieser Stelle noch ein trutziger Turm (Donjon) zum Schutz des rechten Seineufers. Diese Tour de Paris war mit einem Quadrat wehrhafter Mauern umgeben, ein reiner Zweckbau, den Philippe II. Auguste vor dem Beginn des dritten Kreuzzugs errichtete. Er selbst residierte auf der Île de la Cité im dortigen Königspalast.

Erst Mitte des 14. Jahrhunderts baute Charles V. die Wehranlage als Residenz um. Seine berühmte Bibliothek fand dort ein Zuhause, der König zog jedoch die Palais im Osten des Stadtkerns vor. François I., seit 1515 König von Frankreich, war ein echter Renaissanceherrscher. Er förderte die Künste und Wissenschaften und holte große ausländische Künstler ins Land. Leonardo da Vinci verbrachte die letzten Jahre seines Lebens als Gast des Königs auf Schloss Cloux bei Amboise.

Nach Leonardos Tod im Jahr 1519 gingen dessen Bilder in die Sammlung des Königs ein. Wahrscheinlich auch das der »Mona Lisa«, das da Vinci immer mit sich geführt hatte. Die Sammlung, die damals noch das Schloss Fontainebleau beherbergte, gilt als Grundstock des Louvre. Der baufreudige König renovierte den Louvre und riss den Donjon ab – er favorisierte Pläne für einen Neubau, eine weitläufige Vierflügelanlage. Sein Nachfolger, Henri II., reduzierte zwar die Pläne, errichtete aber ab 1550 Festsaal, Musiksaal und Thronsaal und machte den Louvre zum Hauptwohnsitz des Königs. Nach dessen Tod im Jahr 1559 bestimmte seine Witwe, Cathérine de Médicis, die weiteren Bautätigkeiten. Auf dem ehemaligen Gelände der Ziegelei (frz.: tuilerie) entstand ein neues Königsschloss, und eine Verbindung mit dem Louvre war geplant. 30 Jahre später trägt Henri IV. die Krone, und man konzentrierte sich wieder auf den Louvre: Die »Grande Galerie« entstand, und der Südflügel wurde fertig. Im Erdgeschoss der Galerie richtete der König Läden, Ateliers und Wohnungen für Künstler und Händler ein. Nach seiner Ermordung 1610 kümmerte sich zwar seine Witwe, Marie de Médicis, um die Bauarbeiten, bezog dann aber ihren neu gebauten Palais du Luxembourg.

Maries Sohn, Louis XIII., begann mit einer kompletten Umgestaltung: Flügel

1 *Vorchristliches hellenistisches Highlight im Louvre: die* »Venus von Milo«. – 2 *Die Grande Galerie des Louvre präsentiert vor allem italienische Meister aus Renaissance und Barock.* – 3 *Die Säle des weitläufigen Louvre bieten Sitzgelegenheiten zum Verweilen.*

2

3

1

2

wurden abgerissen, Pavillons kamen hinzu, kurzum, der Louvre bekam eine neue Gestalt. Der heutige Bau mit den drei Flügeln, die nach Denon, Sully und Richelieu benannt sind, entstand zum Großteil in dieser Zeit. Louis XIV. übernahm dann das Bauprojekt, das schon für viel Kritik gesorgt hatte. Nach langen Auseinandersetzungen um die Neugestaltung holte sich der König Rat bei Gian Lorenzo Bernini, dem Architekten der Päpste. Dennoch setzte sich der Einfluss des italienischen Hochbarock an der Seine nicht durch. Vielleicht lag es auch daran, dass der König das prächtige Versailles mit seinen Gärten und Brunnen der Baustelle in Paris vorzog und 1678 seine Residenz dorthin verlegte. Dies bedeutete das Aus für hochfliegende Pläne.

In die königlichen Gemächer zog die Académie française, andere Teile nutzte man als Ateliers und Werkstätten. Die späteren Sammlungen profitierten trotzdem von Louis XIV., der Werke von Tizian und Raffael erwarb. Seinem Nachfolger, Louis XV., erschien der heruntergekommene Palast renovierungswürdig; ab 1755 war Marquis de Marigny für die Leitung der Arbeiten vorgesehen. Die Französische Revolution rettete den Louvre vor weiterem Hin und Her: Er sollte Frankreichs erstes öffentliches Museum werden. 1793 öffnete das »Musée Central des Arts« seine Tore für das Publikum, um die zusammengetragenen Kunstsammlungen aus den königlichen Schlössern, mit Ausnahme von Versailles, zu zeigen.

Unter Napoleon Bonaparte kam reichlich Beutekunst dazu. Der Kaiser der Franzosen machte den Ausbau des Louvre zur Chefsache und den Tuilerienpalast zu seiner Residenz. Nach dem Fall des Ersten Kaiserreichs 1814 gelangte ein Teil der erbeuteten Kunstwerke wieder in die Heimatländer zurück. Im Zweiten Kaiserreich vollendete Napoleon III. den Bau und die Fassade. Die Architekten Visconti und Lefuel verbanden endlich den Louvre, wie schon lange geplant, mit dem Palais des Tuileries, was sich während des Aufstands der Pariser Kommune 1871 jedoch als Verhängnis erwies. Das Palais wurde in Brand gesteckt, und mit ihm gingen Teile des Louvre in Flammen auf. 1873 setzt endgültig eine Zäsur: Der Präsident der Republik zog in den Élysée-Palast, und im Louvre regieren seither unangefochten die Schönen Künste – im Blickpunkt der Macht stehen sie immer noch.

Der Mona-Lisa-Code

Staatspräsident François Mitterrand ließ den Louvre umfassend renovieren. Die Arbeiten waren geprägt vom Anspruch auf moderne Ausstellungskonzepte und mehr Möglichkeiten für Forscher und Restauratoren. Die Glaspyramide des Architekten Ieoh Ming Pei im Hof des Louvre ist seit 1989 ein weiterer Anziehungspunkt.

Bei allen wissenschaftlich-musealen Zielsetzungen ist der Louvre des 21. Jahrhundert ein Unternehmen, das für sich werben möchte. Wegen des Films *Da Vinci*

1 *Im Glanz nächtlicher Lichter: der Louvre …* – 2 *… und das gleichnamige Fünf-Sterne-Hotel gegenüber.* – 3 *Der Denon-Flügel beherbergt die »Nike von Samothrake«, die kopflose Siegesgöttin.* – 4 *Das wohl meistfotografierte Werk der Welt: »Mona Lisa«.*
5 *Ein klassisches Fotomotiv ist die Skultpur von Diana, der einsamen Jägerin.*

Code lief der Denon-Flügel zeitweilig allen anderen Abteilungen im Louvre den Rang ab. Was würde wohl der Meister selbst dazu sagen?
Bis zum 19. Jahrhundert galt das »Abendmahl« als Leonardos größtes Werk. Dann

gedieh auf dem Boden der Romantik ein regelrechter »Mona-Lisa-Hype«: Die junge Florentinerin Lisa del Giocondo wurde zur Ikone.
Heute zweifeln Experten zwar nicht an Leonardos Urheberschaft, aber daran, dass das Bildnis wirklich die Mona Lisa darstellt. Als Modell könnte auch eine neapolitanische Hausfrau gedient haben, die Leonardo auf einer Reise mit Cesare Borgia kennengelernt hatte. Möglicherweise ist sie auch seine Geliebte oder seine Mutter. Oder ist das Gemälde gar ein Selbstbildnis? Der Film *Da Vinci Code* wartet in dieser Frage mit einer ganz eigenen Interpretation auf.

Träume aus Tausendundeiner Nacht im Louvre

Im September 2012 eröffnete der Louvre eine 3000 Quadratmeter große neue Abteilung: das »Département des Arts de l'Islam«. Ein Name der in die Irre leitet, denn im Französischen bezeichnet das Wort Islam nicht die Religion, sondern die gesamte Zivilisation. So haben viele der rund 3000 Exponate nichts mit Religion zu tun oder stammen von Nichtmuslimen. Die für 98,5 Mio. Euro, teilweise aus Mitteln privater Spender aus dem arabischen Raum, neu entstandenen Säle unter einem bis zu acht Metern über dem Boden schwebendem goldenen Dach im Visconti-Hof lassen Besucher in die Kunst von Südspanien bis Persien und Indien in der Zeit von 622 bis zum 19. Jh. eintauchen. Die Architekten Rudi Ricciotti, Experte für verspielte Licht-und-Schatten-Effekte, und Mario Bellini bezeichneten ihr Werk als »goldene Wolke«. Der wellige Verlauf des neuen Pendants zur Louvre-Pyramide lässt auch an eine Düne denken. Zusammengesetzt ist es aus über 2300 einzelnen Streckmetalldreiecken. Funkelnder Diamantenschmuck, Mosaikkunst, Teppiche, Gefäße aus Tausendundeiner Nacht, Palasttore, persische Malereien und anderes sind auf zwei Etagen ausgestellt. Sie wurden 12 Meter tief in den Innenhof eingelassen und teilweise mit Glaswänden versehen.

Einfach edel: Place Vendôme

»Boucheron«, »Cartier«, »Chopard«, »Fred«, »Mikomoto«, »Van Cleef & Arpels« – auf der Place Vendôme dreht sich alles um Edelmetalle und Edelsteine. Der Platz selbst gleicht einer Brosche, eingefasst von klassizistischen Stadtpalais, bestückt mit glitzernden Namen, gehalten von der Rue Castiglioni auf der einen und von der Rue de la Paix auf der anderen Seite.
Von der Rue Castiglioni kommend erreicht man linker Hand zunächst »Fred«. Ein kurzer, großer Name in der Branche. Marlene Dietrich zählte zu seinen Kundinnen. Das berühmte Rubincollier, das Julia Roberts in »Pretty Woman« trug, stammte ebenfalls von »Fred«. Auf der anderen Seite des Platzes hat »Mikomoto« seine gut geschützten Auslagen. Der japanische Juwelier gilt als Erfinder der Kulturperlen. Zu den berühmten Traditionsjuwelieren haben sich neue, nicht weniger anspruchsvolle Namen gesellt. Die Modehäuser »Chanel« und »Dior« stehen ebenfalls für hohe Juwelierskunst.
Der Platz war von Anfang an eine Geldgegend. Nach den Entwürfen des Architekten Jules Hardouin-Mansart entstand er im Rahmen einer großflächigen Stadtverschönerung im 17. Jahrhundert. Nur eine einzige Straßenachse durchbricht die Geschlossenheit des achteckigen Platzes, die ihm die Atmosphäre eines Salons verlieh: Man war unter sich. Auch die einheitlichen Fassaden der Paläste aus dem

1 und 2 *An der Place Vendôme lassen die Schaufenster der Juweliere wie Chaumet und Buccellati, absolute Nobeladressen der französischen Hauptstadt, die Herzen höherschlagen und vom großen Glück träumen.*

BUCCELLATI
GIANMARIA
BUCCELLATI

2

frühen 18. Jahrhundert tragen dazu bei. Die herrschaftlichen Gebäude leisteten sich die Reichen und Vornehmen der Stadt, deren Kaleschen und Kutschen damals aber noch ein anderes Standbild umkreisten, nämlich Louis XIV. als römischen Kaiser hoch zu Ross. Doch dann kam die Revolution, und seine Statue wurde umgestürzt und eingeschmolzen. Seit 1806 befindet sich eine 44 Meter hohe Triumphsäule (Colonne Vendôme) in der Mitte des Platzes; Napoleon errichtete sie zu Ehren seiner siegreichen Armee bei Austerlitz. Die tonnenschwere Bronzesäule erlitt im Jahr 1871 ein ähnliches Schicksal wie die frühere Königsstatue, wofür man den Maler Courbet zur Verantwortung zog.

Natürlich hatte Courbet dieses Attentat auf napoleonische Kunst nicht eigenhändig ausgeführt. Aber als Präsident der Republikanischen Kunstkommission machte er den Vorschlag, die Vendôme-Säule zu zerstören – und im Mai 1871 wurde dies in die Tat umgesetzt. Courbet verbüßte eine Gefängnisstrafe von sechs Monaten. Schließlich stellte man Courbet die Kosten für die Wiederaufrichtung der Colonne Vendôme in Rechnung und konfiszierte sein Vermögen. Er floh in die Schweiz, wo er 1877 starb. Auf der Place Vendôme waren bald alle Spuren des Aufstands beseitigt. Die Säule erstrahlte in neuem Glanz, sogar nachts, denn gegen Ende des Jahrhunderts kamen Hittorffs elegante Laternen dazu. Ende des 20. Jahrhunderts hat man den Platz neu gepflastert und verkehrsberuhigt.

Ein Heim für VIPs

Nach wie vor ist die Place Vendôme ein Symbol des Luxus. Daran hat auch das »Ritz« seinen Anteil. Seit 1979 gehört es Mohamed Al-Fayed, dem milliardenschweren ägyptischen Unternehmer. Im »Ritz« speisten auch Lady Di und Al-Fayeds Sohn Dodi, bevor sie mit dessen Limousine im Tunnel de l'Alma tödlich verunglückten. Der Schweizer Hotelier César Ritz hat das Grandhotel 1898 gegründet. Die Bar des »Ritz« trägt Hemingways Namen zu Ehren des Schriftstellers, der sich beim Einmarsch der Amerikaner im besetzten Paris aktiv an der Befreiung dieses legendären Etablissements beteiligte.

Untrennbar ist auch der Name Escoffier mit dem »Ritz« verbunden. Sein »Hand- & Nachschlagebuch der klassischen französischen und der feinen internationalen Küche« ist immer noch ein Muss für kochbegeisterte Gourmets – so wie die Gästeliste für die Regenbogenpresse: Rudolfo Valentino, Marcel Proust und Coco Chanel fühlten sich hier wie zu Hause. Und ganz großes Kino war es, als Peter O'Toole und Audrey Hepburn in dieser Kulisse den Film »Wie klaut man eine Million?« drehten. Voraussichtlich im Jahr 2014 eröffnet das »Ritz« wieder, nach einer an die 200 Millionen Euro teuren Sanierung sicher noch glanzvoller.

1 *Hochgefühle auf dem Karussell in den Tuilerien.* – 2 *Sommer im Tuileriengarten, einem ehemaligen Schlosspark im französischen Stil.* – 3 *Luxus par excellence bietet die Place Vendôme mit ihren Adressen für Parfüm …* – 4 *… Mode …* – 5 *… und Juwelen.*

Seite 78/79: *Prunkvoll empfängt das »Ritz« seit 1898 Stars und Sternchen.*

1

2

1 *Marc Chagall übermalte im Jahr 1963 die Kuppel des Zuschauerraums der Opéra Garnier. Das Ergebnis kann sich bis heute sehen lassen.* – 2 *Repräsentativ: die große Marmortreppe der Opéra Garnier.* – 3 *Neobarocken Prunk verströmt das Grand Foyer …*
4 *… dessen Decke grazile Fresken schmücken.* – 5 *Stiller Wächter: die Apollon-Statue auf dem Dach der Opéra Garnier.*

Vom Centre Pompidou ins Marais

Der »Bauch von Paris«, benannt nach den einstigen Markthallen, wird derzeit als Forum des Halles bis 2016 zum ökologisch pulsierenden Herzen von Paris saniert und umgestaltet. Anziehungspunkt in unmittelbarer Nähe ist das Centre Georges Pompidou mit seinen großen Themenausstellungen. Als »branché« – angesagt – gilt das sich anschließende Marais mit seinem jüdischen Viertel rund um die Rue des Rosiers und einer lebendigen Szene aus Künstlern, Designern, Modemachern, jungen Gastronomen und Musik-Clubs.

Bei gutem Wetter beliebt: Pause im Dachterrassencafé des Centre Pompidou.

In der Szene zu Hause

Centre Georges Pompidou – Place des Vosges – Marais

Etwa sechs Millionen Besucher treten jedes Jahr durch die Tore des Centre Georges Pompidou, das – neben seinem im internationalen Vergleich bedeutenden Bestand der Kunst des 20. Jahrhunderts von Yves Klein, Pablo Picasso, Georges Braque, Georg Baselitz, Jackson Pollock, George Grosz und vielen anderen – jedes Jahr durch zahlreiche spektakuläre Ausstellungen von sich reden macht. 2005 war hier eine große Dada-Ausstellung und erstmals die gesamte hauseigene Dada-Sammlung zu sehen. Seit 2009 berücksichtigt die neue Dauerausstellung auch die Kreativität der Frauen. 500 Werke von 200 Künstlerinnen, darunter Frida Kahlo, Joan Mitchell und Annette Messager, sind auf zwei Etagen des Museums ausgestellt. 2010 widmete sich das Centre Pompidou dem Werk des niederländischen Künstlers Piet Mondrian, dessen Bilddesign auch den Modeschöpfer Yves Saint-Laurent inspirierte. Im November 2011 hängte der irische Künstler Bryan McCormack seine Installation »Schutz ist Leben« aus 80 000 bunten Kondomen in die Röhrengänge. 2012 war eine große Dalí-Retrospektive zu sehen, und das Centre brachte sich sogar unter Fußballfans ins Gespräch. Auf dem Vorplatz erinnerte die Statue des algerischen Künstlers Abel Abdessemed an den Kopfstoß von Zinedine Zidane gegen Marco Materazzi im WM-Finale 2006. »Eine Ode der Niederlage«, so der Künstler. Mal was anderes.

Das »Centre National d'Art et de Culture Georges Pompidou« geht auf den früheren Staatspräsidenten Georges Pompidou zurück. Der ehemalige Lehrer, der in Literaturwissenschaften habilitiert hatte, wollte im Herzen von Paris ein Zentrum schaffen, das Bildende Kunst an die Seite von Theater, Musik, Kino, Literatur und dem gesprochenen Wort stellt. Als man den Kunsttempel 1977 eröffnete, fanden die internationalen Kritiker allerdings nur Worte des Spotts für den fabrikähnlichen Bau.

Das Innerste nach außen gekehrt

Es entstand ein Gebäude, das dort, wo es darauf ankommt, uneingeschränkt Platz bietet. Die Gewinner des Wettbewerbs, der Italiener Renzo Piano und der Brite Richard Rogers, damals noch am Anfang ihrer Karrieren, schlugen, ganz dem Zeitgeist verpflichtet, eine zwangfreie Architektur vor. Unterstützende Strukturen wie Aufzüge und Rolltreppen sowie Versorgungsleitungen verlegte man an die Außenseite. Ein Farbcode zeigt dieses Prinzip besonders deutlich an der Seite zur Rue Beaubourg: Röhren – blau für Luft, grün für Wasser, gelb für Elektrizität, rot für Bewegung und Transport – veranschaulichen, was ein Haus eigentlich zum Haus macht. Dabei ist dieses Haus ein offenes. Die Transparenz der Westfassade lässt die Menschen auf der Piazza sehen, was im Inneren los ist. Und von innen zeigt der freie Blick auf die Piazza, was sich dort gerade abspielt: Jongleure, Feuerschlucker, lebende Bilder und jede Menge malerisch hingelagerte junge Menschen – Lebenskunst ist hier die Devise. Die riesigen gläsernen Raupen, die sich an der Westfassade hochziehen, beinhalten Rolltreppen, mit denen man bis zur Terrasse im oberen Stockwerk gelangt. Hier lockt nicht nur ein weiterer interessanter »vue de Paris«, sondern auch das In-Restaurant »Le Georges«. Im kühlen Raum-

1 *Jean Tinguely und Niki de Saint-Phalle schufen die Figuren im Strawinsky-Brunnen, der zu Füßen des Centre Georges Pompidou plätschert.* – 2 *Fantastisch: der Blick über Paris von den Außenrolltreppen des Centre Pompidou.* – 3 *Die Kunst- und Kulturfabrik mit ihrer transparenten Fassade ist auch am Abend eine Attraktion.*

2

EXPOSITION
21 SEPTEMBRE 2011 – 9 JANVIER 2012
EDVARD MUNCH
EDVARD MUNCH
L'ŒIL MODERNE
Centre
Pompidou
3

1

2

design des Architektenduos Jakob/McFarlane finden unter der etwa zehn Meter hohen Decke mit ihrem blausilbernen Röhrensystem mehr als 200 Gäste Platz. Von dort aus versorgen »Adern« die einzelnen Raumteile, die sich durch kräftige Farbgebung optisch voneinander trennen. Einen eleganten Touch erhalten die Räumlichkeiten des »Le Georges« durch den Boden aus gebürstetem Edelstahl, die weißen Lederstühle und die durchgehend indirekte Beleuchtung. Wer nur mal kurz verweilen will, der findet rund um das Centre Georges Pompidou mehrere Cafés in den Fußgängerzonen. Am schönsten sitzt man rund um die Fontaine Igor Strawinsky; die farbenfrohen beweglichen Brunnenfiguren schufen Niki de Saint-Phalle und Jean Tinguely.

Auf der Place des Vosges

Eigentlich müsste der Platz ja »Platz der pünktlichen Steuerzahler« heißen, denn sein heutiger Name erinnert an die braven Steuerzahler (oder die tüchtigen Steuereintreiber) des französischen Département des Vosges. Sie waren die Ersten, die die »Revolutionssteuer« zahlten. So viel Patriotismus wurde belohnt: Im Jahr 1800 verfügte Napoleon die Umbenennung der Place Royale in Place des Vosges. Abgesehen von zwei kurzen royalistischen Zwischenspielen im 19. Jahrhundert behielten die Vogesen ihren Platz in der Hauptstadt. Ganz im Gegensatz zur urwüchsigen Berglandschaft liegt der Place des Vosges ein konsequent gestaltetes urbanes Konzept zugrunde. 36 Pavillons, deren steile Dächer mit Schiefer gedeckt sind, umgeben die großzügige quadratische Parkanlage. Die streng gegliederten Fassaden haben ihren warmen Ziegelton von einem besonderen Putz, der die Backsteinbauweise nachahmt. Das gibt dem Platz seine »atmosphère chaleureuse«. Der warme, ja gemütliche Eindruck entsteht auch durch die Arkaden, die den Platz ringsum umgeben, und durch die zahlreichen Cafés, vor denen man im Schutz der mächtigen Gewölbe zu nahezu jeder Jahreszeit verweilen kann. Viele Antiquitätenhändler, Antiquariate und Galerien haben hier ihre Ladengeschäfte, die zum Stöbern und Bummeln einladen. Die großen Kastanien in der Mitte des Platzes laden zum Verweilen und Schauen ein. Schulklassen haben hier manchmal Zeichenunterricht im Freien.

Ein Turnier mit Folgen

Früher befand sich auf der Nordseite des Platzes das »Hôtel des Tournelles«, ein königliches Palais, das zahlreiche Türmchen (tournelles) krönten. In diesem Palast verstarb Henri II. im Jahr 1559 an den Folgen eines Lanzenstoßes, den ihm sein ritterlicher Gegner in einem Turnier zugefügt hatte. Henris Witwe, Cathérine de Médicis, riss das Palais ab und verlegte ihren Wohnsitz in den Louvre. Erst 1604 errichtete Henri IV. wieder einen königlichen Pavillon auf der Südseite des Platzes. Der König verfügte außerdem den Bau von 39 weiteren Pavillons: Der Architekt Baptiste du Cerceau schuf bis 1612 eine geschlossene Anlage aus dreigeschossigen Stadtpalais.

Zum ersten Mal entstand in Paris ein Platz nach einem einheitlichen Plan. Die Anlage hatte Modellcharakter – Mansart griff mit der Gestaltung der Place Vendôme auf diesen Königsplatz zurück. Die Place Royale avancierte bald zum Mittelpunkt des aristokratischen Viertels und zu einem Schauplatz vieler Duelle. Ein Verbot Richelieus konnte daran vorerst nichts ändern. Der Kardinal errichtete jedoch in der Mitte des Platzes ein Denkmal für Louis XIII., eine bronzene Reiterstatue. Während der Französischen Revolution stürzte man sie um und schmolz sie ein.

1 *Im Sommer ist die Wiese auf der im repräsentativen Barockstil gehaltenen Place des Vosges ein perfekter Ort zum Relaxen.* – 2 *Stadtpalast unter Denkmalschutz: das »Hôtel de Sully« an der Place des Vosges.* – 3 *Weitläufige Arkaden umgeben den von Henri IV. angelegten Platz im Marais.*

1

2

3

Seit 1829 macht der König in weißem Marmor eine gute Figur zu Pferde. Unter Louis XIV., dem »Roi Soleil«, übersiedelte der gesamte Hofstaat nach Versailles. Auch die adligen Familien an der Place Royal zog es »auf die grüne Wiese« – man verlässt das Marais und wohnt nun schöner in Saint-Germain-des-Prés. Heute ist die Place des Vosges eine der teuersten und begehrtesten Wohnlagen von Paris.

Berühmte Bewohner

Im Pavillon Nummer 1a erblickte die spätere Marquise de Sévigné am 6. Februar 1626 das Licht der Welt. Die kleine Marie de Rabutin-Chantal wohnte hier bis zu ihrem zehnten Lebensjahr; mit 17 hat man sie mit dem Marquise de Sévigny verheiratet. Die Briefe an ihre Tochter, mit denen sie später das Leben am Hof des Sonnenkönigs im Detail beschreibt, machten sie weltberühmt. Dem Schriftsteller Alphonse Daudet werden gleich zwei Adressen zugeschrieben: Zunächst wohnte er im Hof des Pavillon Nummer 21, später zog er in die zweite Etage von Nummer 8, in der früher schon der Schriftsteller Théophile Gautier gewohnt hatte.

Die berühmteste Adresse ist ohne Zweifel die Hausnummer 6. Hier bewohnte Victor Hugo von 1832 bis 1848 die zweite Etage des ehemaligen Hotel »Guéménée«. Seit 1903 ist das Haus ein Museum, denn ein Jahr vorher hatte die Stadt Paris eine umfangreiche Sammlung erhalten: Bücher, Gemälde, Karikaturen und Zeichnungen; Letztere befinden sich im ersten Stock. Baudelaire gegenüber bekannte Victor Hugo einmal, dass ihm Zeichnen Spaß mache, »als Abwechslung zwischen zwei Strophen eines Gedichts«. Die gezeigten Möbel stammen zwar aus der Zeit, gehörten aber nicht zum Besitz des Schriftstellers. Die Ausstellung zeigt chronologisch Victor Hugos Lebensweg: Kindheit und Jugend, Ehe mit Adèle Foucher sowie das Exil von 1852 bis 1870. Nach seiner Rückkehr wohnte Hugo übrigens mit Juliette Drouet im vornehmen 16. Arrondissement, in der Avenue, die heute seinen Namen trägt.

Jüdisches Leben im Marais

Das Marais präsentiert sich heute als eine Mischung aus Galerien, Designerläden, Modeboutiquen, Restaurants und Cafés. Hinzu kommen die Museen, die in den ehemaligen »hôtels particulièrs«, den Stadtpalästen des Adels, eingezogen sind: etwa das bis 2014 restaurierte Musée Picasso mit seiner weltweit größten Sammlung im »Hôtel Salée«, dem ehemaligen Palast des königlichen Eintreibers der Salzsteuer; das Musée Carnavalet, ein Palais in dem Madame de Sévigné zwischen 1677 und 1696 gewohnt hat und in dem heute das Pariser Stadtmuseum untergebracht ist; das Musée de l'Histoire de France in den beiden Stadtpalästen »Hôtel de Soubise« und »Hôtel de Rohan« erstrahlt nach aufwendiger noch unter Sarkozy initiierter Renovierung 2015 in

1 und 2 *Im zweiten Stock des ehemaligen »Hôtel de Rohan-Guéménée« wohnte und arbeitete Victor Hugo.* – 3 und 4 *Jüdische Lebensart in der Boulangerie »Murciano«, zu finden in der Rue des Rosiers im Marais.* – 5 *Angebot jüdischer Spezialitäten auf dem Schaufenster einer Patisserie.* – 6 *»Finkelsztajn«: eine Traditionsadresse im Marais.*

4

5

Patisserie Yiddish
Depuis 1932
Mame strudel,
Vatroucka,
Roulé au pavot,
Chausson au fromage,
Noumenlachn...

6

SACHA FINKELSZTAJN
DE PERE EN FILS DEPUIS 1946
LES DOUCEURS
VATROUCHKAS AU FROMAGE
STRUDELS
AU CHOCOLAT
DELICATESSEN
TARAMAS
CAVIARS
LES TRADITONNELS
www.laboutiquejaune.com

1

neuem Glanz. Insgesamt drängen sich ein Dutzend Museen und öffentlich zugängliche Palais auf einer Fläche von kaum mehr als einem Quadratkilometer. Zum Bildungspublikum und den Pariser »Bobos«, den bourgeoisen Bohemiens, gesellt sich die Szene der »gay community« mit ihren Bars. Nachts pumpen Clubs fette Beats und Baselines auf die Gassen. Dabei wird auch Klezmer, die Musik der aschkenasischen Juden aus Osteuropa, neu interpretiert und mit Polka und Pop zu ekstatischer Partystimmung aufgekocht. Das ist die neue Seite des alten Marais, das auch als das Pariser Judenviertel gilt. Es heißt, drei Gerüche stünden für die drei Herkunftsgebiete der jüdischen Bewohner: der Duft von Apfelstrudel für die Zugezogenen aus Elsass-Lothringen im frühen 19. Jahrhundert; der Geruch von Salzhering für die Aschkenasim, die um die Jahrhundertwende aus Osteuropa kamen, und die orientalischen Aromen der Falafelbuden für die Sephardim vom nordafrikanischen Kontinent.

Man biegt in die Rue des Rosiers ein und betritt ein anderes Paris: Die Straßen sind enger, dunkler und bunter. Handgemalte Schriftzüge auf Ladenscheiben preisen Seltsames an: »Gefillte Leiber« steht da. Nun ja, möchte man sagen, da ist was dran. Auch wenn es sich in diesem Fall um Leber handelt, für Leib und Seele ist auch gesorgt. An jeder Ecke hängt der Geruch von Falafel und koscherer Pizza in der Luft. In der Boulangerie steht neben Strudel, Bagels und Piroggen ein siebenarmiger Leuchter im Schaufenster. Gegenüber bei »Finkelsztajn« nimmt man sich Zeit für ein Schwätzchen, beim koscheren Metzger bietet sich das gleiche Bild. In der jüdischen Buchhandlung kann man in Muße stöbern. Jungen, die statt Baseballkappe die traditionelle Kippa tragen, schlendern umher. In der Rue Pavée befindet sich eine Synagoge. Große Kontraste prägen das Viertel, zwischen Orthodoxen und Liberalen, zwischen nordafrikanischen Familienverbänden und polnischen oder russischen Gemeinschaften, zwischen alteingesessenen Etablierten und neuen Armen. Bleibt die Frage: Was ist wahrhaftig jiddisch, und was ist bestenfalls »jiddish style«?

2

Im Pletzl

Mit dem Wegzug des Adels in die neuen Toplagen von Saint-Germain-des-Prés während des 18. Jahrhunderts entstand im Marais ein Vakuum, das sich schnell wieder füllte. Zwischen 1880 und 1939 ließen sich mehr als 100 000 Juden aus Osteuropa, die Aschkenasim, in Frankreich nieder. Viele von ihnen fanden im verlassenen Marais eine neue Heimat. Das Pletzl umfasst die Straßen zwischen dem Seineufer und der Rue des Francs-Bourgeois. Ein Ghetto war das Viertel trotzdem nie, denn viele Juden betrachteten es nur als eine Durchgangsstation. Einen besonderen Einblick ins Pletzl gewährt Leo Malét. Der französische Krimiautor lässt seinen Protagonisten, den Privatdetektiv Nestor Burma, in ganz Paris Fälle lösen. Gleich zweimal spielt die Handlung im Marais: Da führt die »Spur ins Ghetto«, und der Tod kommt mit dem »Marais Fieber«.

Jahre des Schreckens

Die deutsche Besatzung hatte in Paris schreckliche Folgen für die jüdischen Mitbürger. Unter dem Vichy-Regime verließen ab dem Frühjahr 1942 Viehwaggons mit Juden die Stadt gen Auschwitz. Am 16. und 17. Juli 1942 trieben französische Polizisten in Paris etwa 13 000 jüdische Bürger in einer Sportarena zusammen. Von der berüchtigten »Rafle des Vélodrome d'hiver« waren die meisten der Bewohner des Pletzl betroffen, auch 165 Grundschulkinder und ihre Lehrer. Keiner von ihnen sollte sein Zuhause in der Rue des Rosiers, der Rue Ferdinand Duval oder in der Rue des Ècouffes wie-

1 *Chinesischer Salon im Musée du Carnavalet, dem Museum für Stadtgeschichte im Marais.* – 2 *Erinnerung an schlimme Zeiten: Gedenktafel in der Rue des Rosiers am ehemaligen Wohnhaus eines Auschwitz-Opfers.*

dersehen. Trotz der Deportation, an die heute Gedenktafeln erinnern, blieb dieser jüdisch geprägte Teil des Marais nach dem Zweiten Weltkrieg eine Anlaufstelle für Juden aus der Sowjetunion und den Ländern des Ostblocks. In den 1960er-Jahren stieg die Zahl der jüdischen Migranten aus den ehemaligen französischen Kolonien sprunghaft an: Etwa 40 000 Sephardim kamen an die Seine. Ihre Muttersprache war Arabisch, Sprach- und Mentalitätsprobleme blieben nicht aus. Schließlich akzeptierte man jedoch ihr Anderssein. Heute hat jede Gruppe ihre eigenen Orte und Zeiten für Gebet und Unterricht in Glaubensdingen.

Durch die Rue de Rivoli

Die Straße hat ihren Namen von dem norditalienischen Ort Rivoli bei Verona. Im Januar 1797 besiegte dort die von Napoleon geführte französische Armee in der Schlacht von Rivoli die Österreicher. Als ersten Straßenabschnitt ließ Napoleon das Stück zwischen dem Louvre und der Place de la Concorde anlegen. Die prächtige Häuserfront gegenüber Tuilerien und Louvre entstand Anfang des 19. Jahrhunderts. Auf dieser Edelmeile liegen das Hotel »Meurice«, das »Maison Angelina«, das die beste Schokolade weit und breit kredenzt, und – unterbrochen von der Place du Palais Royal – der Louvre des Antiquitaires. Linker Hand folgt Saint-Germain-l'Auxerrois, die ehemalige Hofkirche des Louvre-Palasts. Auf der Höhe des Pont Neuf streift die Rue de Rivoli das alte Hallenviertel, wo sie volkstümlich anmutet. Bei Châtelet trifft sie auf die Tour Saint-Jacques; der 52 Meter hohe Turm ist ein Überrest der verschwundenen Saint-Jacques-la-Boucherie, der Kirche der Metzger, die sich hier früher unweit des Flusses ansiedelten. Sie war einst Teil eines Klosters und Ausgangspunkt des Pilgerwegs nach Santiago de Compostela. Der Zerstörungswut der Französischen Revolution entging nur dieser gotische Turm aus dem Jahr 1523. Seit 1891 diente er als Wetterstation. In die nahe Rue des Lombards pilgert allabendlich ein internationales Publikum. Hier liegen Tür an Tür gleich drei Jazz-Hochburgen: »Le Baiser Salé«, »Le Sunset Sunside« und das berühmte »Duc des Lombards«. Groove, Elektrojazz, Acoustic Jazz oder Live-Einspielungen berühmter Jazzgrößen – die Clubs versprechen höchsten Musikgenuss. Der Platz vor dem heutigen Hôtel de Ville war im Mittelalter nur ein freies Stück Ufer. Die »Wasserkaufleute« bauten hier Anfang des 12. Jahrhunderts einen Hafen für die steigende Flotte der Versorgungsschiffe. In der ersten städtischen Verwaltung im Haus an der »Grève« hatten die »Wasserkaufleute« das Sagen. Unter Baron Haussmann wurde der Platz vergrößert und erhielt seine heutige repräsentative Form. Gegenüber vom Hôtel de Ville, dem Rathaus von Paris, geht die Rue du Temple ab. Via Rue Saint-Croix-de-la-Bretonnière und Rue des Rosières geht es ins jüdische »Pletzl«. Die Rue de Rivoli wird auf der Höhe der Kirche Saint Paul zur Rue Saint-Antoine und führt bis zur Bastille. Diese Strecke verbindet den wohlhabenden Westen mit dem ärmlichen Osten, Nobelhotels heutiger Tage mit den alten Palästen des Marais. Sie verknüpft die Elite des 1. Arrondissements mit der Szene des 4. und schlägt ganz nebenbei einen kulturellen Bogen vom Louvre zur Bastille Opéra de Paris.

1 *Das Hôtel de Ville ist auch vom anderen Seineufer gut zu sehen.* – 2 *Allegorien für die beiden Pariser Flüsse Seine und Marne am »Uhrengiebel« des Rathauses.*

Seite 94/95: 1 *Die spätgotische Saint-Germain-l'Auxerrois war einst die Hofkirche des Louvre.* – 2 *Napoleon Bonaparte ließ die Arkaden entlang der Rue de Rivoli anlegen.* 3 *Das Denkmal von Jeanne d'Arc bringt goldenen Glanz in die Rue de Rivoli.* – 4 *Die Rezeption des »Le Meurice«, in dem sich auch ein Drei-Sterne-Restaurant befindet.*

2

MAIRIE
DU 1er ARRONDISSEMENT
1

ANGELINA
Restaurant Salon de thé
Rivoli Park
Restaurant
Café
ROLEX
2

3

4

Montmartre und die Grands Boulevards

Die schneeweiße Basilika Sacré-Cœur krönt Montmartre. Im 19. Jahrhundert wandelte sich die ländliche Gegend mit ihren Klöstern und Windmühlen zur Hochburg der Boheme. Das »Moulin Rouge«, die »Rote Mühle«, die »niemals etwas anderes als das Geld ihrer Kunden gemahlen hat«, wurde durch die Bilder des Malers Toulouse-Lautrec weltberühmt. Die geheimnisvolle Welt der Passagen zu Füßen des Montmartre ist auch heute eine Entdeckung wert.

Blick vom Park Buttes Chaumont auf Sacré-Cœur.

Gegensätze ziehen sich an

Lepic-Abbesses – Saint-Pierre-de-Montmartre – Sacré-Cœur – Moulin Rouge – Passagen

Weithin sichtbar leuchtet die schneeweiße Kuppel der Basilika Sacré-Cœur über Paris. Im neoromanischen beziehungsweise neobyzantinischen Stil erbaut, krönt dieses Wahrzeichen von Montmartre noch nicht einmal 100 Jahre das Viertel. Seit 1919 zieht es die Menschen an, vielleicht, weil diese »exotische« Kirche so ganz im Gegensatz zu den übrigen Sakralbauten von Paris steht.

Der andere Publikumsmagnet ist der Mythos vom ausschweifenden Leben des Fin de Siècle. Am Fuß der Butte Montmartre liegt Pigalle mit seinen Tempeln der Lust und die berühmteste Mühle Frankreichs, das »Moulin Rouge«. Zwischen diesen Fixpunkten fluten jeden Morgen aufs Neue Touristenströme durch die verwinkelten Straßen. Sie ergießen sich auf die Place du Tertre und schwappen die Treppen vor Sacré-Cœur hinunter, um dann irgendwann auf der Place Blanche im Röhrensystem der Metro in Richtung »Étoile« oder »Concorde« zu verschwinden. Bis zur Mitte des 19. Jahrhunderts war die Butte Montmartre, der höchste Hügel von Paris (128 Meter!), eine ruhige, fast ländliche Gegend. Man bestellte Weinberge, von denen noch ein einziger am Nordhang erhalten ist, und lebte sonst hauptsächlich von den örtlichen Kalksteinvorkommen. Das weiße Material wurde anfangs in Steinbrüchen abgebaut, später aus unterirdischen Lagerstätten gefördert. In dieser Zeit drehten sich auf dem Montmartre etwa 40 Windmühlen, die das Gestein zu Gips mahlten. Mit seinen verwinkelten Gassen und niedrigen, ärmlichen Häusern war der Montmartre ein typisches Kleine-Leute-Quartier.

In diese enge und kleinbürgerliche Welt blies am Ende des 19. Jahrhunderts ein frischer Wind: Rebellische junge Künstler, die man »Impressionisten« nannte, fanden hier billige Atelier- und Wohnräume und begründeten so den Ruf des Viertels als Künstlerkolonie. Auch wenn sich die Kunstszene längst in andere Gegenden verlagert hat, lebt Montmartre heute immer noch von diesem Image. Die Einwohner sehen es mit einem lachenden und einem weinenden Auge, denn der Tourismus bringt nicht nur Geld, sondern auch höhere Mieten, Fast Food und natürlich Rummel rund ums Jahr. Trotzdem gibt es auf der Butte Montmartre noch viele Plätze, die mit wahren oder »fabelhaften« Geschichten verbunden sind.

Die große Geschichte vom kleinen Glück

Im Quartier Lepic-Abbesses wurde mit dem Film »Die fabelhafte Welt der Amélie« Kinogeschichte geschrieben. In der Rue Lepic Nummer 15 etwa befindet sich das Café »Tabac«, in dem Audrey Tautou alias Amélie so liebenswürdig servierte und eines Tages beschloss, andere Menschen glücklich zu machen. Dem damaligen Besitzer hat der Film jedenfalls Glück gebracht – er konnte sich zur Ruhe setzen. Aber auch unter dem neuen Chef ist alles so geblieben, wie es war. Nur das Stammpublikum wundert sich bisweilen über das Ausmaß der »Amélie-Verehrung« und hat den Rückzug an die Bar angetreten.

Das »Café des Deux Moulins« verdankt seinen Namen den einzigen, noch original erhaltenen Windmühlen, der Moulin de la Galette und der Moulin Radet (beide sind in Privatbesitz und nicht zu besichtigen). Auch der Besitzer des »Au Marché de la Butte« alias »Épicerie Collignon« an der Ecke Rue des Trois-Frères – Rue Androuet freut sich über gestiegene Umsätze. Hier litt der gutmütige Lucien unter seinem infamen Patron, bis Amélie Schicksal spielte … Auf den Spuren der Filmheldin

1 *Montmartre: kleine Verschnaufpause nach dem Anstieg.* – 2 *Allabendlich erleuchtet: Sacré-Cœur, das Wahrzeichen von Montmartre.* – 3 *Beliebter Treffpunkt mit Blick über Paris sind die Terassen und Treppenstufen des Square Willette zu Füßen der Basilika Sacré-Cœur.*

2

3

geht es zur Square Willette am Fuß der Basilique Sacré-Cœur. Hier führte Amelie den verdutzten Nino an der Nase herum, ließ ihm aber einen Hinweis zukommen, der schließlich das gemeinsame Glück bringen sollte. Glück ist auf den Treppen, die zu Sacré-Cœur hinaufführen, seit jeher das große Thema. Der weite Blick über die Stadt der Liebe, romantische Sonnenuntergänge, die überwältigende Kulisse – Fotomotive, die Liebende und andere Gemütsmenschen tausendfach als »souvenirs de Paris« in alle Welt tragen.

Gute Zeiten, schlechte Zeiten

Der Ursprung der Bezeichnung Montmartre ist wenig romantisch. Im Jahr 272 ließ der römische Präfekt den ersten Bischof von Paris, Dionysus (Denis), auf dem »Mont des Martyrs«, dem Märtyrerberg, enthaupten. Der Legende nach nahm der Bischof anschließend seinen Kopf in die Hände und schritt von dannen – bis zum sechs Kilometer entfernten Ort im Norden von Paris, an dem im 7. Jahrhundert mit dem Kloster Saint-Denis die erste Abtei Frankreichs entstand. Am Ort seiner Grablegung fanden in den folgenden Jahrhunderten die französischen Königinnen und Könige ihre letzte Ruhestätte. Man sagt, das Rot in der französischen Trikolore symbolisiere das Blut des Märtyrers. Andere Historiker leiten den Namen von Mons Mercurei et Martis, vom Berg des Merkur und des Mars, ab. Dafür spricht, dass man bei Ausgrabungen Reste von römischen Tempeln und Villen gefunden hat. Im Mittelalter avancierte der Montmartre aufgrund der beliebten Märtyrerlegende zu einem viel besuchten Wallfahrtsort. Nonnen des Benediktinerordens errichteten ein Kloster, und damals entstanden die ersten Weinberge. Nur die romanische Kirche des Klosters, Saint-Pierre, neben der Basilika Sacré-Cœur, hat die Zeit überdauert, das Kloster hat man während der Revolution aufgehoben. Im Jahr 1860 kam dann die Gemeinde von Montmartre zu Paris; einige Jahre später (1870/1871) sollte sie die Keimzelle der Pariser Kommune hervorbringen. Die Pariser »Räterepublik« wurde wenig später grausam niedergeschlagen, und in ihrer Folge erlebte auch die Kunst eine Phase der Restauration.

Die Alternative zur Akademie

Auguste Pierre Renoir war einer der Künstler, die sich auflehnten: Nicht die klassische detailgetreue Ausstattung war ihm wichtig, sondern der flüchtige Ausdruck des Lichts oder einer Stimmung. Den Stil, mit schnellen Pinselstrichen diese Eindrücke festzuhalten, bezeichnete die Kunstkritik verächtlich als »Impressionismus«. Renoir, der seine Motive oft im Freien suchte und gerne Szenen aus dem Leben der kleinen Leute darstellte, lebte eine Zeit lang auf dem Montmartre. Sein Gemälde »Bal au Moulin de la Galette« zeigt das fröhliche Treiben im Garten der Mühle, die damals ein beliebtes Ausflugslokal war. Das Bild hängt heute im Musée d'Orsay und gilt als eines der schönsten Beispiele des Impressionismus. Im Musée de Montmartre in der Rue Cortot Nummer 12–14 ist Renoirs ehemaliges Atelier zu besichtigen. In diesem Haus hatten im Laufe der Zeit mehrere Maler Wohnung und Atelier bezogen: Raoul Dufy beispielsweise, der zu den Fauves – den Wilden – gehörte, sowie Suzanne Valdon und ihr Sohn Maurice Utrillo. Ein anderer Maler, der sich mehr mit der nächtlichen Seite des Montmartre befasste,

1 *Grüne Idylle und sportliche Herausforderung: der Treppenaufgang zur Basilika Sacré-Cœur.* – 2 *»Le Lapin agile«, eine der legendären Künstlerkneipen auf dem Montmartre, verströmt noch immer dörfliches Flair.*

war Henri Toulouse-Lautrec – seine Lithografien machten die Welt der Bordelle, der Kabaretts, Cafés und Tanzhallen zum Inbegriff des sündigen Paris. Hier vergnügte sich die Pariser Boheme. Toulouse-Lautrec kannte sie alle, die großen Namen der Revuen wie die Cancan-Tänzerin Jane Avril oder den Chansonier Aristide Bruant. Heute kennt sie jeder dank der Motive auf den Plakaten im Stil des Art nouveau, die beliebte Sammlerstücke sind.

Glaubenssachen: Schlicht …

Wesentlich älter als ihre strahlend weiße Nachbarin, die Basilika Sacré-Cœur, ist die Kirche Saint-Pierre-de-Montmartre. Auf den Resten eines römischen Tempels entstand zurzeit der Merowinger im 5. Jahrhundert ein erster bescheidener Kirchenbau. Die Gründung eines Benediktinerinnenklosters 1134 erforderte eine neue, größere Kirche, die Papst Eugen III. 1147 weihte. Der dreischiffige Bau wirkt schlicht, weist aber bemerkenswerte Details auf. Während die Kapitelle noch romanisch sind, zeigt die Chorapsis gotischen Einfluss; die Kreuzrippengewölbe des Chorjochs sind die ältesten in Paris. 1794 zerstörten Revolutionstruppen das Klostergebäude auf dem Montmartre, übrigens wohl kaum unter der Führung Jean Paul Marats, wie immer wieder behauptet wird. Der fanatische Jakobiner war schon ein Jahr vorher von Charlotte Corday in der Badewanne erstochen worden … Wie auch immer, der Kirchenbau überlebte, wenn auch zweckentfremdet als Telegrafenstation, die bis 1844 ihren Dienst tat. Seit ihrer Restaurierung im 19. Jahrhundert ist Saint-Pierre-de-Montmartre wieder eine Oase der Ruhe zwischen der viel besuchten Sacré-Cœur und dem touristischen Treiben auf der Place du Tertre.

… oder mit Dekor

Der Bau der Basilika Sacré-Cœur begann 1873. Der Entwurf im Zuckerbäckerstil, wie ihn Kritiker gern schmähen, stammt von dem Architekten Paul Abadie, der sich in Frankreich bereits mit der Restaurierung von Kirchen einen Namen gemacht hatte. Die Fassade, die sich mit ihrem römisch-byzantinischen Dekor an die großen Kirchen der Christenheit, die Hagia Sophia in Istanbul und den Markusdom in Venedig, anlehnt, ist typisch für den historisierenden Stil des 19. Jahrhunderts. Entsprechend flankieren die französischen Nationalheiligen Jeanne d'Arc und Ludwig IX., der Heilige, das Hauptportal.

Für die Errichtung einer Basilika auf dem Montmartre gab es zudem »heroische« Gründe: Zum einen wollte man mit ihr der französischen Opfer des Deutsch-Französischen Kriegs von 1870/71 gedenken. Zum anderen sollte sie ein Zeichen »der Buße für die Verbrechen der Kommunarden« sein. Der Aufstand der Kommune hatte auf dem Montmartre seinen Anfang genommen. Knapp zwei Monate

1 *An der Place du Tertre drängen sich die Staffeleien.* – 2 *Das Musée de Montmartre dokumentiert das Leben von einst.* – 3 *»Sie werden sehen, wie man für 25 Francs am Tag stirbt!«, rief Alphonse Baudin am 3. Dezember 1851 auf den Barrikaden den Aufständischen zu, die den »gut verdienenden« Abgeordneten verhöhnten.* – 4 und 5 *Romanische Säulen und gotische Kreuzrippen prägen Saint-Pierre-de-Montmartre.*

4

5

1

später, im Mai 1871, hatten ihn Regierungstruppen blutig niedergeschlagen. Insgesamt verloren fast 30 000 Menschen, größtenteils Kommunarden, ihr Leben in dieser Schreckenszeit. Als Vergeltung richtete die Regierung der III. Republik allein 20 000 Kommunarden hin.
Die immensen Kosten, die der Bau der Sühnekirche verschlang, hatten zu großen Teilen Spenden gedeckt. Im Jahr 1914 war er endlich fertiggestellt. Die Einweihung fand jedoch erst nach dem Ende des Ersten Weltkriegs 1919 statt. Die Herz-Jesu-Basilika, La Basilique du Sacré-Cœur, ist aus einem besonderen Kalkstein gebaut, der durch Witterungseinflüsse Kalzit freisetzt. Dieses verlieh dem Bauwerk im Laufe der Zeit sein zuckerweißes Aussehen. Von der Kuppel, zu der links des Hauptportals eine Treppe führt, reicht die Sicht bei klarem Wetter bis weit über die Île-de-France hinaus. Neben dem Eiffelturm ist das der höchst gelegene Aussichtspunkt in Paris, und stundenlanges Schlangestehen bleibt einem hier erspart!

Mode und Mythos: das Moulin Rouge

Spätestens seit dem Film »Moulin Rouge« ist es wieder en vogue – das Korsett. Wer Nicole Kidman in diesem wahrhaft atemberaubenden roten Kleid gesehen hat, der kennt den Moulin-Rouge-Style. Korsetts und Korsagen sind wieder angesagt. Von der Haute Couture bis zum Outfit der Hiphop-Ladys – wenn's sexy sein soll, geht man seither eng geschnürt. Dabei spielte in den großen Tagen des »Moulin Rouge« nicht das Korsett die Hauptrolle, sondern das, was die Plakatmotive des Malers Toulouse-Lautrec zeigen: Da lässt die Königin des »Moulin Rouge«, La Goulue, ihr blickdicht schwarz bestrumpftes Bein in einer Wolke aus weißen Unterröcken kreisen – und tout Paris steht Kopf.
Die frivole Mode des französischen Cancan mit seinem temperamentvollen Rhythmus verbreitete sich wie ein Lauffeuer. Garden junger Tänzerinnen, die ihre Beine nach links und rechts in die Luft werfen, bis oberhalb des Strumpfbandes ein bisschen nacktes Fleisch blitzt – das war ein Anblick, der die Säle füllte. Jeder kannte den Tanz der Belle Époque: Man tanzte ihn in den Ballsälen am Pigalle, in den ländlichen Vergnügungslokalen oder man ließ tanzen – in den Salons der Herrschaften. Kurzum, der Cancan war ekstatisch, erotisch und explosiv. Und bald verboten! Mit der Folge eines allgemeinen »Jetzt erst recht!« Der schmissige Tanz wurde zum Symbol für eine unaufhaltsam dem Untergang geweihte Zeit. Zwischen zwei Kriegen und zwei Jahrhunderten flüchteten sich die Menschen ins Vergnügen, und am Fuß des Montmartre drehte sich das tolle Leben immer schneller.

Doch es kam noch etwas anderes in Mode, die »Designerdroge« des 19. Jahrhunderts: Absinth. Die »grüne Fee«, wie man das Likör- oder Branntweindestillat aus Wermut wegen seiner charakteristischen Farbe nannte, enthält den Wirkstoff Thujon, der bei chronischem Genuss zu körperlichen und psychischen Schäden führt. Doch das war in Künstlerkreisen, Ballhäusern und Halbweltkaschemmen kein Thema, man amüsierte sich auf Teufel komm raus.

Fräulein Kanaldeckel

Das Wahrzeichen von Montmartre, das »Moulin Rouge«, entstand in der Zeit, als Gustave Eiffel das Wahrzeichen der französischen Hauptstadt errichtete. Es war das Jahr der »exposition du monde«, und die ganze Welt war zu Gast in Paris. 1889 feierte man nicht nur auf dem Gelände der Weltausstellung, sondern auch weitab im Norden der Stadt, an der Place Blanche.

1 *Ganz in Rot am schönsten: das legendäre Moulin Rouge.* – 2 *Mit Strumpfbändern und Röcken mit Durchblick sorgten die Pariser Cancan-Tänzerinnen des Moulin Rouge für das erotische Image des Montmartre. Nicht nur Maler wie Toulouse-Lautrec und Plakatkünstler fühlten sich inspiriert.*

Eine neue Musikhalle öffnete ihre Tore und das staunende Publikum erlebte ungeahnte Extravaganzen: Spiegelsäle, Tanzflächen, Bühnen in ungewohnten Dimensionen. Die rote Windmühle, die das Dach seither ziert, ist ein Überbleibsel aus jener Zeit, als man auf dem Montmartre seinen Lohn noch für die Arbeit unter Tage bekam. Im »Moulin Rouge« dagegen verdienten Tänzerinnen und Artisten des Nachts ihr Geld. Zu den Stars unter den Tänzerinnen zählten Jane Avril, wegen

ihres exzentrischen Stils auch »die Verrückte« genannt, und »La Goulue«, Toulouse-Lautrecs berühmtes Modell. Andere überboten sich mit den skurrilsten Künstlernamen: Nini Pattes-en-l'Air (Beine in die Luft) und Mademoiselle Grille d'Egoût, das Fräulein »Kanaldeckel«.

À l'américaine …

Doch nichts ist flüchtiger als die Mode, auch in der Musik. Der letzte Tanz im »Moulin Rouge« am 29. Dezember 1902 beendete die Ära der ausgelassenen Bälle. Das »Moulin Rouge« wandelte sich zum Revuetheater, und am Pariser Nachthimmel ging ein neuer Stern auf: »La Mistinguette«. Eigentlich hieß die Dame Jeanne-Marie Bourgois. Die Varietékünstlerin, nach der man bald pauschal alle Revuegirls »les mistinguettes« nannte, leitete sogar zeitweise das »Moulin Rouge«. Von ihr stammt das berühmt gewordene Anforderungsprofil für die Mädchen des Amüsiertempels: »Nicht zu groß, nicht zu klein, nicht zu fett, nicht zu mager … und nicht zu hübsch!« Während des Ersten Weltkriegs legte das »Moulin Rouge« eine Zwangspause ein. Danach zeigte der Broadway der Welt, was en vogue ist, und das »Moulin Rouge« präsentierte mit »New York–Montmartre« ein Ballettspektakel der Extraklasse. Es ist die Zeit der großen Nachtclubs, und wie schon am Broadway machte der »Cotton Club« mit Ray Ventura in Paris Furore. 1939 begann die dunkle Zeit der deutschen Besatzung. Der einzige Lichtblick war der berühmte Auftritt der Piaf, nur wenige Tage vor der Befreiung. Erst Anfang der 1950er-Jahre kommt das »Moulin Rouge« wieder auf die Beine: Das »Diner-Spectacle« wird mit viel Champagner aus der Taufe gehoben, bis heute ist es den Betreibern lieb und teuer. Auch wenn vieles in der Revue an Las Vegas erinnert, der Französische Cancan ist wieder unbestrittener Höhepunkt des Abends. Wenn dann die fabelhaften Doriss-Girls blankes Bein zeigen und die Arme zum Himmel strecken, wird kaum jemand das Korsett vermissen …

Willkommen in einer stillen Welt

Natürlich ist Einkaufen in Paris ein Vergnügen, aber kein ungetrübtes. Offensichtlich haben stets Tausende die gleiche Idee, und so geht es nur im Schildkrötentempo durch die berühmten, großen Kaufhäuser, die »Galeries Lafayette« oder das »Printemps«. Schildkröten waren einmal groß in Mode – als echter Dandy führte man so ein gepanzertes Tier an der langen Leine spazieren. Heute gerät man bei kilometerlangen Fußmärschen auf der Rue Saint-Honoré außer Atem. Dabei gibt es Alternativen: Willkommen in der stillen Welt der Passagen!
Der Bau der ersten Ladenpassage Europas ging mit der Erweiterung des Palais Royal einher. Die Ladengalerie unter den Arkaden löste die maroden Brückenhäuser auf dem Pont Notre-Dame ab, die 1786 abgerissen wurden. Auch vom Pont au Change und dem Pont Saint-Michel wurden die Kaufleute vertrieben. Im Laufe der Zeit führten immer mehr überdachte Ladenpassagen durch die Häuserschluchten der Innenstadt, wunderbare Handels- und

1 *Erinnerungen an Kindertage: Schoko-Maronen nach Großmutters Rezept.* – 2 *Das Schlaraffenland liegt in der Rue du Faubourg-Montmartre Nr. 35, direkt neben dem Eingang zur Passage »Verdeau«.* – 3 *»À la Mère de Famille«: Die 1761 gegründete Confiserie stellt bis heute nach überlieferten Rezepten süße Wunderwerke her.*

35 VINS FINS DESSERTS
MAGASIN SPÉCIAL de DESSERTS d'HIVER
FRUITS SECS
FRUITS CONFITS
CHOCOLATS
THÉS
A LA MÈRE DE FAMILLE
Mon FONDÉE EN 1761
AFCHAIN
2

3

1

2

Versammlungsräume, als die Straßen noch nicht asphaltiert und ein Einkaufsbummel in den engen Gassen beschwerlich war. Die neuen Industrietechniken des 19. Jahrhunderts machten es möglich, eiserne Konstruktionsteile serienmäßig zu fabrizieren. Als Vorgänger der großen Kaufhäuser entstanden nun die Pariser Passagen mit ihren riesigen Glasdächern. Es sollen bis zu 150 gewesen sein, 20 sind noch erhalten – die edlen in der Nähe des Palais Royal, die »Galerie Colbert« zum Beispiel oder die »Galerie Vivienne«.

Besuch bei drei alten Damen

Besonders entspannt geht es im 9. Arrondissement zu, in der Passagenlandschaft der drei aufeinanderfolgenden Galerien »Panorama«, »Jouffroy« und »Verdeau«. Schon die Öffnungszeiten lassen keine Hektik aufkommen: Man ist erst gegen Mittag für die Kundschaft bereit. Da kann diese vorher ganz in Ruhe bei den Lebensmittelgeschäften in der Rue Cadet, gegenüber vom nördlichen Ausgang »Aux Grands Boulevards« der Galerie »Verdeau«, verweilen. Hier gibt es frischen Fisch und Wurstspezialitäten aus der Auvergne. Wenn man dann gestärkt die kleine Passage mit ihren verschnörkelten Laternen und der großen Wanduhr betritt, öffnen die alten Läden gerade: Antike Bilderrahmen, englische Keramik, Gemälde und ein wunderbarer Teesalon sind die Höhepunkte auf der 75 Meter langen Strecke zwischen Rue Faubourg Montmartre und Rue de la Grange Batelière.
Man überquert die Letztere und steht schon vor den weit geöffneten Toren der Passage »Jouffroy«. Nachts sind diese nur für die Gäste des Hotels »Chopin« zu öffnen; dieser »Geheimtipp« aller Reiseführer ist wirklich empfehlenswert, nur sollte man lange im Voraus reservieren. An dieser Stelle drei andere Tipps: Erstens das Geschäft für antiquarische Bücher – auf langen aufklappbaren Tischen ist vor dem Geschäft eine Riesenauswahl an Titeln über alle nur denkbaren Themen zu Paris sortiert. Das Innere des Antiquariats mit seinen deckenhohen Regalen, Leitern und Lämpchen mutet wie eine Filmkulisse an – käme Balzac, Maupassant, Zola oder eine andere französische Geistesgröße aus dem Hinterzimmer, man würde sich wahrlich nicht wundern.
Zweitens der kleine Laden, kurz vor der Treppe auf der rechten Seite – hier ersteht der moderne Dandy ganz »comme il faut« seinen antiken Spazierstock. Und drittens, neben dem Hotel »Chopin«, das Wachsfigurenkabinett Musée Grévin mit seinen illustren Gästen – Albert Einstein, Charles de Gaulle, Mahatma Gandhi und anderen wächsernen VIPs. In der Passage des Panoramas auf der anderen Straßenseite rühmen sich die Ladenbesitzer, in der »Lieblingspassage« von Heinrich (Henri) Heine zu residieren. Es lässt sich also ohne Langweile Stunde um Stunde in der Welt der Passagen zubringen …

1 *Die Buchhandlung von Paul Vulin in der »Passage Jouffroy«.* – 2 *Die »Galerie Colbert« aus dem Jahr 1826 zählt zu den elegantesten Pariser Passagen.* – 3 *Schon drei Jahre früher entstand die benachbarte »Galerie Vivienne«.* – 4 *Relief mit Uhr und Engel in der »Galerie Vivienne«.* – 5 *»Segas«, das Geschäft für Spazierstöcke, ist eine Institution in der »Passage Jouffroy«.*

1

AIRIE PAUL VULIN
DE BELLES OCCASIONS
P. VULIN
TOUS LES LIVRES
CHOPIN
Musée Grévin

2

ANNO
1900

1 *Das Pariser Wachsfigurenkabinett Musée Grévin in der »Passage Jouffroy«.* – 2 *Unter Denkmalschutz: das Théâtre Grévin aus dem Jahr 1900. Der Bühnenvorhang von Jules Chéret zeigt Figuren der Commedia dell'Arte.* – 3 *Die Buchhandlung »Librairie Ancienne et Moderne« bereichert die »Galerie Vivienne«.* – 4 und 5 *Die Passagen der Grands Boulevards laden zum Bummeln ein.*

Von der Bastille bis zum neuen Paris-Rive-Gauche

Der Bau der Bastille-Oper gehörte zu den großen Stadtplanungen der Ära Mitterrand. Den Parc des Buttes-Chaumont im Osten von Paris verdanken die Bürger Napoleon III., der mehr Natur und frische Luft für seine Untertanen wünschte. Den Erneuerungsprozess des modernen Viertels auf dem linken Seineufer zwischen der alten Gare d'Austerlitz und der Péripherique leitete die Bibliothèque François Mitterrand ein.

Von dem berühmten Gefängnis an der Place de la Bastille sind nur noch wenige Mauerreste in der Metro übrig. Heute ist das Viertel um die Oper am Platz eine beliebte Adresse für Nachtschwärmer.

Entdeckungen im Osten

Bastille – Port Plaisance de Arsenal – Parc des Buttes-Chaumont – Belleville – Père-Lachaise – Paris-Rive-Gauche

Vom Stadtzentrum aus erreicht man den heutigen Osten von Paris am schnellsten über die Verlängerung der Rue de Rivoli, die Rue Saint-Antoine. Sie führt direkt auf die Place de la Bastille, einen Ort, der bei den meisten mit vagen Vorstellungen von Tumult, Straßenkampf und Hinrichtungen verbunden ist. Fakt ist, dass am 14. Juli 1789 etwa 600 aufgebrachte Bürger des Faubourg Saint-Antoine die letzten sechs Häftlinge aus dem berüchtigten Gefängnis gewaltsam befreiten. Dabei gab es an die 100 Tote. Die Aufständischen aus der Vorstadt bezwangen mit der Erstürmung der Festung nicht nur die Kerkermauern, hinter denen zuvor schon so berühmte Gefangene wie Voltaire oder der Marquis de Sade geschmachtet hatten, sondern ein überaus verhasstes Symbol königlicher Gewalt. Die mittelalterliche Bastion wurde in der Folge geschleift.

Doch hier im Osten gibt es inzwischen auch viel Zeitgenössisches zu sehen: Die Opéra National de Paris Bastille zum Beispiel in dem verschachtelten Glasbau von Carlos Ott oder der Wanderweg »Promenade Plantée« oder die Rue de Lappe mit ihren Cafés, Bars und Ateliers sowie die Rue de Charonne in der als EsBa (East Bastille) bekannten In-Gegend – très branché! Alles Orte, die die Pariser heute mit dem Begriff »Bastille« verbinden.

Sturm auf die Bastille

In der Erinnerung der Franzosen ist die Zeit des »Terreur« unter dem Diktat Robespierres (»Nur der Terror gegen das Verbrechen verschafft der Unschuld Sicherheit!«) verblasst. Der 14. Juli war zunächst der gefeierte Jahrestag der Revolution, bis man ihn schließlich nach vielen Wirren 1880 auch zum Nationalfeiertag erklärte. Der blutige Start unter dem Fallbeil der Guillotine in die III. Republik, der Deutsch-Französische Krieg 1870/71, der Sturz des Kaisers und der Einmarsch der Preußen in Paris, der Bürgerkrieg zwischen der Pariser Kommune und der republikanischen Armee, die grausame Vergeltung dieses Volksaufstands, der endgültige Sturz der Bourbonen durch die »Julirevolution« von 1830, nachdem Charles X. das erstarkte Bürgertum wieder unter die Vorherrschaft des Adels zwingen wollte – all das verlangte nach einem Schlusspunkt. Und so entschied man sich zunächst einmal, den »Trois glorieuses«, den drei Tagen des 27., 28. und 29. Juli 1830, mit einem Denkmal historisches Gewicht zu verleihen. Seit 1840 erhebt sich in der Mitte der Place de la Bastille nach dem Vorbild der Trajan-Säule in Rom die Bronzesäule Colonne de Juillet. Gekrönt ist sie vom Génie de la Liberté – der genialische Knabe hat seine Fesseln gesprengt und hält die Fackel der Zivilisation hoch, als wolle er sich gleich der Freiheit entgegen in die Luft erheben. Der Geist der Freiheit beflügelt seit 1880 alljährlich am 14. Juli die gesamte Republik; das Datum bezieht sich nun doch auf die erste revolutionäre Tat von 1789. Der Nationalfeiertag hat auch in unseren Tagen nichts von seiner patriotischen Bedeutung verloren, nur wird er nicht mehr ganz so martialisch gefeiert. Schließlich geht es im übergeordneten Sinn um die »Droits de l'Homme«, die Menschenrechte – die Freiheit, die Gleichheit und die Brüderlichkeit. Darüber hinaus hat sich im Zeitalter des neuen Europas zum nationalen auch der internationale Gedanke gesellt. Und abgesehen davon ist der 14. Juli schulfrei, man lässt die Arbeit ruhen und feiert – am liebsten, wenn der große Tag auf einen Montag fällt.

1 und 2 *In der Mitte der Place de la Bastille balanciert der Genius der Freiheit auf einer 50 Meter hohen Säule auf einem Bein. Der Name der Colonne de Juillet, Julisäule, erinnert an die Julirevolution von 1830 und ihre Opfer. Die Säule wurde nur drei Jahre später fertiggestellt.*

2

1

2

Handfestes Vergnügen

Das Bastille-Viertel hat den Ruf eines Szenequartiers. Reiseführer werden nicht müde, zu betonen, dass es der Treffpunkt der Künstler und bei den Pariser Jugendlichen voll im Trend sei. Aber wie das so ist mit Trends: Sie tauchen auf, und genauso schnell verschwinden sie wieder. Und so zieht der Trendsetter von Paris heute zum Dinner ins 7. Arrondissement – rund um die École Militaire zelebrieren etliche Restaurants die Küche aus dem Südwesten. Dann verbringt er die Nacht im 13. Arrondissement (Vernissage in der Rue Louise Weiss, Party im Künstlerkollektiv »Les Frigos«) und relaxt tags darauf im 8. Arrondissement (Spa des »Hotel Pershing Hall«). Jedenfalls ist das Viertel rund um die Opéra National de Paris Bastille eine sehr lebendige Mixtur aus Jung und Alt, zugezogenem Szenevolk und örtlichen Handwerkerfamilien.

Mit der Jacht in die Oper

Einen Liegeplatz im Port Plaisance de Paris Arsenal müsste man haben. Direkt bei der Place de la Bastille, zu Füßen des Operngebäudes, liegt das Bassin des ehemaligen Arsenal-Hafens, der zu der mittelalterlichen Festung gehörte. Schon lange dient er friedlichen Zwecken, und vielleicht ist er der schönste, wenn auch nicht der elitärste Jachthafen der Stadt. In den Gärten entlang der Quais genießt die internationale Jugend im benachbarten Bastille Hostel den Blick auf die goldene Freiheit hoch oben auf der Julisäule. In entspannter Atmosphäre kommt man wieder zu sich, nach einer langen Nacht im »La Scène« oder im »La Casbah«. Ein abendliches Vergnügen von hohem musikalischem und gesellschaftlichem Rang ist ein Besuch der Opéra National de Paris Bastille. Dieses große, moderne Theater wirkt auf den ersten Blick trotz seiner konstruktivistisch zerteilten Glasfronten schwer, ja fast klotzig. Der Opernbau an der Bastille, der 1989 rechtzeitig zum 200. Jahrestag der Französischen Revolution die Großen der Welt als Premierenpublikum willkommen hieß, ist ein Entwurf des kanadischen Architekten Carlos Ott. Er stand vor der Aufgabe, der Oper einen Platz in einem traditionell volkstümlichen Viertel zu geben. Es sollte etwas »Volksnahes« geschaffen werden, um einem Publikum, das noch mit der Oper vertraut gemacht werden sollte, die Schwellenangst zu nehmen.

Ein neues Publikum ließ sich damit jedoch auch nicht anlocken, und so blieb es weitgehend bei den notorischen Operngängern. Die Vorteile der neuen Oper liegen in den Dimensionen und technischen Möglichkeiten: Der große Saal ist mit einer Doppelbühne ausgestattet, sodass Vorführungen ohne aufwendige Umbaupausen möglich sind. Bis zu 2700 Zuschauer können hier hochkarätige Inszenierungen genießen. Das Repertoire reicht von der klassischen Mozartoper bis zu den unkonventionellen Vorstellungen der finnischen Avantgardistin Kaija Saariaho, deren musikalisches Schaffen computergenerierte Klänge einbezieht. Den neuen »Zauber der Oper« verdanken die Pariser, wie so viele neue architektonische Glanzpunkte, dem ehemaligen Staatspräsidenten François Mitterrand. Er würdigte damit natürlich ein wichtiges Datum in der Geschichte Frankreichs, aber brachte dadurch auch die Aufwertung des Pariser Ostens voran.

Der Blick über die Schulter von Paris

Der Park Les Buttes-Chaumont im Nordosten der Stadt ist ein Refugium für die Leute aus dem Quartier. Baron Haussmann, der berühmte Städteplaner unter

1 *Ein Jachthafen mitten in Paris: der Port Plaisance de Paris Arsenal.* – 2 *Ein kulturelles Highlight ist ein Besuch in der Oper an der Place de la Bastille.* – 3 *Abendstimmung in der Rue de Belleville. In der Ferne erstrahlt der Eiffelturm.*

Napoleon III., legte ihn nach dem Muster englischer Landschaftsgärten an, um die Lebensqualität gerade hier, in einem dicht besiedelten Viertel der Arbeiterklasse, zu verbessern. Die Gipssteinbrüche an den Flanken des »Kahlen Bergs« waren schon stillgelegt, und so bot es sich an, diese verwüstete Landschaft in eine Ideallandschaft zu verwandeln. Vom ersten Spatenstich im Jahr 1864 bis zur Eröffnung für das Publikum sollten nur drei Jahre vergehen.
Unter der Regie von Haussmann übernahm der Ingenieur Jean-Charles Alphand diese »Titanenaufgabe«, wie das Projekt damals angekündigt wurde. Jean-Pierre Barillet-Deschamps, der »premier Jardinier en Chef du Service des Promenades et Plantations de la ville de Paris« unterstützte ihn dabei. Der Obergärtner mit dem langen Titel hatte schon den Bois de Boulogne maßgeblich umgestaltet, wobei er den passionierten Gartengestalter Fürst Hermann Pückler-Muskau kennenlernte. Jetzt führte er einen neuen Gartentypus ein: eine unregelmäßige, »freie« Konzeption, die sein Kaiser in England kennen und schätzen gelernt hatte. Sie stand im Gegensatz zu der bisherigen streng gegliederten französischen Gartenbauweise. Die freie Natur in idealisierter Form, angereichert mit romantischen Details und im Kleinen nachgebildeten »fremden« Landschaften – das war das moderne Gartenkonzept des Second Empire. So finden sich Anklänge an die Küstenlandschaft der Normandie in dem Ensemble von künstlichem See und seiner Felsennadel wieder. Der Tempel der Sibylle zitiert die Gärten von Tivoli bei Rom, und künstliche Grotten erinnern an die Felsenhöhlen der Pyrenäen. Die Bevölkerung durfte sich also über das Konzept freuen, und nach einigen gärtnerischen Neugestaltungen präsentierte sich der Parc des Buttes-Chaumont als attraktives Freizeitgelände. Über breite Kieswege oder schmale Pfade geht es bergauf und bergab, durch Steineichenwäldchen oder über saftige Wiesen, vorbei an Bächen hinunter zum See mit seinen Picknickplätzen. Zwei Brücken, eine hölzerne und die »Selbstmörderbrücke«, führen auf die steile Felseninsel. Wem das zu waghalsig ist, der kann eine Kutschenfahrt unternehmen oder einfach nur zufrieden im Gras liegen. Der Blick über die Schulter von Paris auf Montmartre und die Silhouette von Sacré-Cœur ist einen Ausflug auf die Buttes-Chaumont allemal wert.

»Kleiner Spatz« aus Belleville

Das Milieu der steilen Gassen, der kleinen Handwerksbetriebe und der schmalen Häuser, die sich dicht an dicht an den Hängen von Belleville drängen, lebt heute noch in der Erinnerung an die kleine Sängerin mit der großen Stimme: In diesem Armeleuteviertel kam 1915 Édith Piaf zur Welt. Seither hat sich vieles geändert. Belleville mit seinen heruntergekommenen Häusern und niedrigen Mieten ist heute Auffangbecken für Einwanderer aus Osteuropa, dem Maghreb, Asien und der Karibik. Sie geben dem Viertel ein buntes

1 *Der Sibylle-Tempel im Parc des Buttes-Chaumont ist der Rotunde im italienischen Tivoli nachempfunden.* – 2 und 4 *Der englische Garten, der heute zum Ausruhen mit Blick auf Paris einlädt, war früher ein Steinbruch.* – 3 und 5 *Ein Wasserfall und eine Hängebrücke gehören zu den Attraktionen auf dem hügeligen Gelände.*

4

5

HOTEL
PIZZERIA
LA TAVOLA
PIZZA
La Kabylie
Restaurant
Spécialités
Franco-Berbères
PETIT BISTRO
SANDWICH
GREC
Ristorante Italiano
SAVOYARDE
BOURGUIGNONNE
RESTAURANT

1

11e ARRt
RUE OBERKAMPF
La Corbeille de Fruits
Cours des Halles
SECURICOM
CANADA BOSKOOP
CONFERENCE
ELSTAR
ORANGES AMERES

2

Gesicht. Wo vorher der Schuster seine Werkstatt hatte, hängen heute frisch lackierte Pekingenten von der Decke. Ein libanesischer Koch zieht neue Kundschaft in die ehemalige »Guinguette«, einen Weinausschank, wie es ihn hier früher oft gab. Diese einfachen Weinkneipen hatten eine lange Tradition, denn das Dorf Belleville lag im Mittelalter in den Weinbergen der großen Klöster. Sonntags wanderten die Pariser hierher, um sich ein Gläschen des guten Klosterweines, ein »guinguet«, zu gönnen.

Seit etwa 1980 zog das Viertel die junge Pariser Mittelschicht an, denn hier ist es noch möglich, halbwegs erschwinglich Wohnraum zu mieten oder zu kaufen. Und mit dem neuen Interesse an alten Häusern erwachte auch wieder das Interesse an der Geschichte des Viertels zwischen den Metrostationen »Belleville« und »Ménilmontant«. Am Geburtshaus von Frankreichs berühmtester Chansonsängerin läuft man leicht vorbei, denn nichts außer einer unscheinbaren Tafel an der Hauswand des völlig maroden Hauses 72, Rue de Belleville, deutet darauf hin: »Auf den Stufen in diesem Hauseingang wurde am 19. Dezember 1915 Édith Piaf geboren, deren Stimme später die Welt bewegen sollte.« Bis dahin lag noch ein bewegter und schwerer Lebensweg vor Édith Giovanna Gassion. Die Mutter verließ das Kind schon kurz nach der Geburt. Und der Vater, Akrobat in einem Wanderzirkus, wusste nichts Besseres, als seine Tochter in einem Freudenhaus in der Normandie unterzubringen, in dem seine Mutter als Köchin arbeitete.

Mit sieben begleitete sie ihren Vater zum ersten Mal auf Tournee: Es war der Beginn eines getriebenen Lebens, denn sie sollte Akrobatin werden. Der Vater zwang sie zum Training, wenn es sein musste auch mit Gewalt. Der Ausweg war die Straße – mit zehn Jahren begann Édith auf der Straße zu singen. Wie gut sie sang, merkte sie an den Münzen, die man ihr zuwarf. Noch blieb ihr nur ein kleiner Teil, denn das meiste brauchte der Vater für Frauen und Absinth. Mit 15 hielt die Tochter diese harte, gewalttätige Schule nicht mehr aus: Édith Giovanna Gassion zog allein nach Paris.

»Non, je ne regrette rien …«

Édiths Welt waren nun die Straßen von Montmartre und die Place Pigalle. Diese Welt wurde etwas besser, als der Kabarettbesitzer Louis Leplée die zierliche Sängerin entdeckte und auf die Bühne des »Gerny's« holte. Leplée nannte sie »La Môme Piaf«, »Kleiner Spatz« –, so entstand der Künstlername von Édith Piaf.

Schon 1935 nahm die Piaf ihre erste Platte auf. Als ihr Gönner kurz darauf ermordet wurde, geriet auch sie in Verdacht. Trotz Freispruchs flüchtete sie in die Provinz und kehrte erst 1937 nach Paris zurück.

Mit der Karriere ging es nun steil bergauf, sie sang im »Bobino«, der ersten Adresse für Showstars, und bald auch live im Radio. Ihr Auftritt im »Moulin Rouge« war die Sensation des Sommers 1944. Obwohl Paris von den Deutschen besetzt war, entschloss sie sich zu bleiben. Sie gab Konzerte für Kriegsgefangene und verhalf mit ihren Beziehungen und gefälschten Papieren einigen Gefangenen zur Flucht. Nach Ende des Zweiten Weltkriegs nahm sie einen ihrer größten Hits auf: »La vie en rose«. Doch rosig sollte ihr Leben trotz mehr als 200 weiteren erfolgreichen Titeln nicht werden. Dabei stand ihr zunächst die Welt offen, denn Frankreich, ganz Europa, ja, selbst Amerika feierte den »Kleinen Spatz«. Als ihre einzige große Liebe, der Boxer Marcel Cerdan, 1949 bei einem Flugzeugabsturz ums Leben kam, griff sie zu Drogen und Alkohol. Ende der 1950er-Jahre brach sie wäh-

1 *Von der Bastille führt die Rue de la Roquette zum berühmten Friedhof Père-Lachaise.* – 2 *Kleine Lebensmittelläden prägen das lebhafte Wohnviertel Belleville.* – 3 *Das Grab von Édith Piaf auf dem Père-Lachaise gehört zu den meistbesuchten hier.*

rend eines Konzerts in Stockholm zusammen. Die Diagnose: Krebs. Aber sie trat weiter auf; eine Krankenschwester und Morphium begleiteten sie von nun an. Ihre Energie reichte jedoch noch immer für ihre Freunde: Charles Aznavour, Gilbert Bécaud, Eddie Constantine, Yves Montand und etliche andere verdanken der Piaf Inspiration und zum Teil auch die eigene Karriere. 1960 nahm die kleine Chanteuse »Milord« auf und kurze Zeit später ihr Schicksalslied »Non, je ne regrette rien« – »Nein, ich bereue nichts«. Die Piaf trotzte dem Leben noch einen letzten Skandal ab: Sie heiratete den Sänger Théo Sarapo, 20 Jahre jünger als sie. Ein Jahr später, 1963, starb Édith Piaf mit nur 47 Jahren an der Côte d'Azur. Bei ihrer Beisetzung auf dem Cimetière du Père-Lachaise gab es einen bis dahin nie gekannten Ansturm: Mehr als 40 000 Trauernde erwiesen ihr die letzte Ehre. Mittlerweile wäre die Piaf knapp 100, doch für ihre Fans bleibt Édith Giovanna Gassion so jung wie auf den vielen Fotos, die auf dem schlichten schwarzen Grabstein ihr Andenken wachhalten. Édith Piaf war schon zu Lebzeiten eine Legende. In ihren Liedern lebt sie fort.

1

Die Lizenz für die ewige Ruhe

Der Cimetière du Père-Lachaise ist einer der berühmtesten Friedhöfe der Welt und der größte in Paris; mit 44 Hektar übrigens noch größer als die Fläche des Jardin du Luxembourg. Seit seiner Eröffnung fanden mehr als eine Million Beerdigungen statt. Die jährliche Besucherzahl, laut dem Bürgermeister von Paris zwei Millionen, scheint nicht übertrieben zu sein. Auf keinem der Pariser Friedhöfe fanden so viele Persönlichkeiten von Rang und Namen ihre letzte Ruhe. Die »Concession à perpétuité« ist heute nicht leicht zu erhalten, doch das war nicht immer so. Der Père-Lachaise zählte 1804, dem Jahr seiner Eröffnung, nur 13 Grabstätten, und in den folgenden Jahren kamen nur wenige dazu. Das lag nicht zuletzt an der Gestaltung des Friedhofs, der mit seinen majestätischen Baumriesen und seinen langen gepflasterten Alleen wie ein englischer Garten wirkt. Ein Park, der geradezu zum Flanieren einlädt und in dem der Tod lediglich melancholische Akzente setzt.

Das Friedhofsverzeichnis, das man kostenlos am Haupteingang bekommt, gleicht einem »Who's who« der letzten Jahrhunderte: Wer ist ein »must«, wen könnte man auslassen, und überhaupt – wo soll man anfangen? Eines ist klar: Ein Besuch dieser illustren Gesellschaft erfordert Zeit.

Besuch bei Prominenten

Hier eine (unvollständige) Anwesenheitsliste: Abélard und Héloïse, das berühmteste Liebespaar des Mittelalters, noch im vorigen Jahrhundert der absolute »Publikumsmagnet« – heute ist das (noch) der legendäre Leadsänger der »Doors«, Jim Morrison; Jane Avril, Star des »Moulin Rouge« und Modell Toulouse-Lautrecs; Honoré de Balzac, den der Tod schon mit 51 Jahren traf – die Zahl seiner Romane und Erzählungen überstieg die seiner Lebensjahre bei Weitem; Jean de Brunhoff, der den Kindern die Abenteuer des Elefanten Barbar schenkte; Gilbert Bécaud, dem wir »L'important c'est la Rose« verdanken; Georges Bizet, der Komponist der Oper »Carmen«; Frédéric Chopin, dessen Herz man jedoch wunschgemäß in die Heiligkreuzkirche in Warschau gebracht hat; Amedeo Modigliani, der die Cafés am Montparnasse liebte – der Wert der Bilder, mit denen er seine Rechnungen bezahlt hatte, stieg nach seinem Tod im Alter von nur 36 Jahren sprunghaft an; Yves Montand und Simone Signoret, die großen Stars des französischen Kinos,

1 und 2 *Auf dem Friedhof Père-Lachaise ruht die Pariser Prominenz aus Politik und Kunst.* – 3 und 4 *Die Muse Euterpe von Auguste Clésinger wacht über dem Grab des Komponisten Frédéric Chopin.* – 5 *Skulpturen, schmiedeeiserne Gitter und individuell gestaltete Grabmäler machen den Friedhof zu einem der schönsten der Welt.*

2

3

4
FRED·CHOPI
FREDERIC CHOPIN
✝ LE 17 OCTOBRE 1849
SES AMIS

5

ENTRÉE PRINCIPALE
PORTES K à U
PORTES A à U
PORTES A à J

1

FACTORY&CO
Boutique

2

sind nebeneinander begraben; Édith Piaf, der »Spatz von Paris«, ist im Tod – anders als in ihrem Leben – ganz en famille: Das schlichte Grab unter dem Namen Gassion-Piaf führt bei den Suchenden zu einiger Verunsicherung; und auch Marcel Proust, Autor des bedeutenden Romanzyklus aus dem 20. Jahrhundert *Auf der Suche nach der verlorenen Zeit*, hat hier seine letzte Ruhe gefunden. Und natürlich liegt hier Oscar Wilde, dessen Grab immer wieder Ziel von Attacken war.

Das Viertel Paris-Rive-Gauche

Seit der Hochgeschwindigkeitszug TGV in der Gare du Montparnasse ankommt, verlor die alte Gare d'Austerlitz zunehmend an Bedeutung. Dem Viertel war dadurch ein weiterer Lebensnerv genommen. So musste die Stadt Maßnahmen ergreifen, um den Osten aufzuwerten: Es entstand ein neues Stadtviertel mit Wohnblocks, einem Unizentrum rund um die Anciens Moulins de Paris und mit der Cité de la Mode et du Design, eröffnet 2012 in den alten Lagerhäusern als Dépendance des Musée Galliera mit Boutiquen und Räumen für Events. Das Viertel erstreckt sich von der Gare d'Austerlitz nach Osten bis zur Stadtautobahn, der Périphérique. Die der Seine zugewandte Seite gewährt den Blick auf die Parkanlagen von Bercy, die Begrenzung nach Süden ist durch die gewachsenen Quartiere rechts und links der Rue de Tolbiac gegeben. Seit 2006 verbindet die neue Fußgängerbrücke Simone-de-Beauvoir die Seineufer. Unterhalb der Bibliothèque Nationale de France lädt das Piscine Joséphine-Baker zum Baden ein.

Die Nationalbibliothek von François Mitterrand

Der Kontrast von Alt und Neu springt ins Auge, sobald man die Metrostation »Bibliothèque François Mitterrand« verlässt. Der Blick nach links in die Rue Tolbiac zeigt ein gemütliches Bild: Zeitungs- und Gemüsehändler, Traiteurs, Bistros. Ganz anders wirkt dieselbe Straße jenseits der Kreuzung mit der Avenue de France: Dort beginnt das moderne Stadtviertel mit großflächigen Büro- und Appartementhäusern. Angestellte eilen vom Büro ins Bistro und zurück. Viele von ihnen arbeiten in der Bibliothèque Nationale de France – Site François Mitterrand, hier einfach »Bibliothèque Mitterrand« genannt. Am 14. Juli 1988, dem Nationalfeiertag, kündigte der damalige Präsident ein neues Prestigeprojekt an: die »größte und modernste Bibliothek der Welt«. Die alte Nationalbibliothek in der Rue de Richelieu konnte schon längst nicht mehr all das fassen, was in Frankreich veröffentlicht wurde. Der französische Architekt Dominique Perrault bekam den Zuschlag, sein Entwurf folgt der klassischen Moderne – glatte Flächen, gerade Winkel, Glas, Stahl, Holz. Umschlossen von einem sockelähnlichen Gebäude, in dem die Lesesäle untergebracht sind, legte er zudem einen 12 000 Quadratmeter großen Garten an.

1 *Der Palais Omnisport im Parc de Bercy bietet 17 000 Zuschauern Platz und ist eine Mehrzweck-Location für sportliche Events und Rockkonzerte.* – 2 *Shoppen in den ehemaligen Weinlagern von Bercy: Cour St. Émilion.* – 3 *Pilgerziele auf dem Cimetière du Père-Lachaise: die Gräber von Balzac …* – 4 *… Wilde …* – 5 *… und Morrison.*

mk2
Bibliothèque

Die Passerelle Simone de Beauvoir verbindet seit 2006 die Stadtviertel Bercy und Tolbiac. Die zweistöckige Fußgängerbrücke zur französischen Nationalbibliothek entwarf der österreichische Architekt Dietmar Feichtinger als Kombination aus Bogen- und Hängebrücke. Sie ist 12 Meter breit und 304 Meter lang.

Vom Invaliden-dom zum 16. Arrondissement

Hier ruht der Kaiser – der Invalidendom beherbergt das Mausoleum Napoleons. Nur ein paar Schritte sind es zum Marsfeld und dem Eiffelturm, seinerzeit Höhepunkt der Weltausstellung von 1889. Der Weg über den Pont d'Iéna führt weiter - auf das rechte Seineufer ins 16. Arrondissement, von dem man sagt, es sei der nobelste der Pariser Stadtteile. Viele der Gebäude hier gelten als maßgebliche Beispiele moderner Architektur, zum Beispiel die Fondation Le Corbusier.

Von der Tour Montparnasse kann man das Auge weit über Paris schweifen lassen. Wohl unumstrittener Blickfang ist der Invalidendom.

»La Gloire« ist mehr als Ruhm

Dôme des Invalides – École Militaire – Eiffelturm – Arc de Triomphe – Neuilly – Auteuil – Passy – Chaillot

Das Hôtel des Invalides besteht aus einem Ensemble aus Hôtel, Innenhöfen, nördlicher Esplanade, Soldatenkirche und königlichem Mausoleum sowie dem Domvorplatz und Seitengebäuden. Es ist die erste ausschließlich soziale Einrichtung dieser Art. Unter Henri IV. und in der Folgezeit hat man zwar immer wieder behelfsmäßige Stätten für Kriegsversehrte eingerichtet, aber sie waren nicht von Bestand. Die alten und kranken Soldaten zogen daher bettelarm durch die Lande, angewiesen auf die Mildtätigkeit von Mitmenschen und Klöstern. Ein hartes Los, das sich infolge der vielen Kriege zu einem großen Problem auswuchs.

Auf Anraten seines Ersten Ministers, Louvois, beschloss Louis XIV., ein »Hôtel des Invalides« zu bauen. Es sollte jene Soldaten beherbergen, die im Dienste des Königs verwundet worden waren. Diese großherzige Tat demonstrierte königliche Größe, wenngleich die finanzielle Last verteilt wurde. Auch die Klöster trugen mit ihren Abgaben zur Finanzierung des Baus bei. 1671 wurde der Grundstein gelegt. Schon fünf Jahre später bot das Hôtel des Invalides 6000 Soldaten Unterkunft, Pflege und medizinische und geistliche Betreuung.

Der strenge, majestätische Bau ist ein Entwurf des Architekten Libéral Bruant, der sich damit an das Vorbild des spanischen Escorial anlehnte. Ein Raster aus quadratischen und rechteckigen Flügelbauten und Innenhöfen umfängt die zentrale Kirche. Für das weiträumige Ensemble hat man die Wiesen von Grenelle, vor den Grenzen der neuen Vorstadt Faubourg-Saint-Germain, gewählt. Die Rue Grenelle, die heute noch an die pastorale Landschaft erinnert, führt von Saint-Germain bis zum Champ de Mars, und hier stehen noch viele der alten Hôtels.

Eine für die Soldaten, eine für den König

Bruants Plan für das Hôtel des Invalides hatte zwar im Wettbewerb gewonnen, doch sein Plan für einen dazugehörigen Kirchenbau fiel beim Ersten Minister durch. Dieser beauftragte damit 1676 den Architekten Jules Hardouin-Mansart, »Intendant des bâtiments du Roi«, den man später auch »L'architecte de Versailles« nennen sollte. Der königliche Oberbaudirektor kannte seinen König genau und wusste, dass sein Plan Eventualitäten berücksichtigen musste: Falls Louis XIV. sich entscheiden sollte, einmal inmitten seiner Soldaten seine letzte Ruhe finden zu wollen, wäre die ursprünglich vorgesehene Kirche zu schlicht.

Hardouin-Mansart löste das Problem, indem er zwei unterschiedliche Kirchen entwarf, die er aber miteinander verband. Zwischen dem südöstlichen und dem südwestlichen Flügel des Hôtel des Invalides platzierte er die Kirche für die Soldaten, einen einfachen Langbau. Dieser mündete jedoch nicht in einen Chor, sondern in einen majestätischen Zentralbau, der dem Mausoleum eines Königs würdig war.

Beide Sakralbauten teilten sich den Altarraum, denn vor Gott sind alle gleich – bis 1873, denn seitdem trennt eine Glaswand beide Kirchen.

Die Arbeiten begannen 1680, und erst 1706 war der Dôme des Invalides vollendet und geweiht.

Der schönste Schmuck dieses Kirchenraums ist die zentrale Kuppel. Sie ist sozusagen dreilagig: Über einem Kranz aus zwölf hohen Fenstern steigt die erste reich

1 *Die Napoleon-Statue im Innenhof des Invalidendoms.* – 2 *Louis XIV. ließ das Hôtel des Invalides nach dem Vorbild des spanischen Escorial als Soldatenkrankenhaus errichten.* – 3 *Heute ist der Dom ein Mausoleum und beherbergt die Krypta Napoleons.*

2

3

1

2

verzierte Kuppel auf, bis sie von einer zweiten, freskengeschmückten aufgenommen wird. Diese überfängt die dritte, die der Kuppel, so wie man sie von außen sieht, die die charakteristische Silhouette und dem ganzen Bauwerk eine Gesamthöhe von 105 Metern gibt. Die weithin glänzende Kuppel wurde zuletzt 1989 anlässlich der Zweihundertjahrfeier der Französischen Revolution neu vergoldet. Die hauchdünne Goldschicht auf der gesamten Fläche des Kupferdaches entspricht zwölf Kilogramm Gold. 1840 brachte der Bürgerkönig Louis Philippe die Gebeine Napoleon Bonapartes von Sankt Helena in die französische Hauptstadt und machte so die Königskirche zum kaiserlichen Mausoleum. Sein Sarkophag aus rotem Porphyr ruht in einer kreisrunden, nach oben offenen Krypta, die nach Viscontis Plan den Kontrapunkt zur Kuppel setzt.

Für hungrige Kämpfer

Wer sich nach so viel Militärgeschichte – zum Hôtel des Invalides gehört ja auch noch das Musée de l'Armée und das Musée de l'Ordre de la Liberation – etwas schwach fühlt, dem kann geholfen werden. Der fürsorgliche Gedanke Louis XIV. scheint sich wie ein roter Faden durch die umliegenden Straßen zu ziehen. Jedenfalls findet man um das Hôtel des Invalides und die École Militaire viele Restaurants mit gepflegter Küche. Zum Beispiel macht Christian Constant im »Le Violon d'Ingres« in der Rue Saint-Dominique Nummer 135 das, was sein Name verspricht – nämlich konstant erstklassige Menüs und beste Weine auf den Tisch zu bringen. Und das »Au Petit Sud Ouest« in der Avenue de la Bourdonnais Nummer 46, nahe der École Militaire, bietet Spezialitäten vom Land: Confits, Cassoulets, zur Saison auch Trüffel. In der Avenue Lowendal Nummer 2 isst man in der »Auberge d'chez eux« traditionell im Zeichen der Gans. Berühmt sind auch die Variationen aus Gänsestopf-leber im »Le Télégraphe«. In diesem ehemaligen Speisesaal der weiblichen Angestellten des Telegrafenamtes, Rue de Lille Nummer 41, serviert man koschere Küche und französische Spezialitäten. Allein das grandiose Ambiente ist den (hohen) Preis wert. Wer noch höher hinauswill, diniert bei Alain Passard im »L'Arpège« (84, Rue de Varenne) – drei Michelin-Sterne für eine exzellente Küche. Das Gemüse kommt aus dem eigenen Garten der Domäne Château du Gros Chesnay im Südwesten.

Im Zeichen des Mars

Louis XV. gründete 1751 am südlichen Ende des Champ de Mars, jenem nach dem römischen Kriegsgott benannten Marsfeld, eine Militärschule für die Ausbildung seiner jungen Offiziere. Dazu hatte ihm seine Mätresse geraten, die berühmte Marquise de Pompadour. Der König sollte unweit des Hôtel des Invalides und dessen Königskirche ein eigenes städtebauliches Denkmal bekommen. Bedingt durch leere Staatskassen und den Siebenjährigen Krieg konnten das Hauptgebäude und der Ehrenhof erst 1773 fertiggestellt werden. Der Bau in klassischer Manier ist ein Werk des Architekten Gabriel. 1784 nahm hier die École Royale Militaire einen 14-jährigen Jüngling aus Korsika auf. In nur einem Jahr holte sich Napoleon Bonaparte in der Artillerieklasse den militärischen Schliff, der es ihm ermöglichte, mit knapp 16 sein Offizierspatent zu erhalten. Zehn Jahre später, nun General, sollte er dort sein Hauptquartier einrichten. Heute dient die École Militaire wieder als Hochschule für den akademischen Nachwuchs der Grande Armée.

1 *Der Eiffelturm, Wahrzeichen von Paris.* – 2 *Zu Füßen seiner Eisenkonstruktion erstreckt sich der grüne Champ de Mars.* – 3 *Am Ende der Sichtachse über das Marsfeld, einst Exerzierplatz, dann Ausstellungsfläche, steht die Mauer des Friedens, ein Mahnmal von Jean-Michel Wilmotte und Clara Halter.*

Zeitgleich mit dem Bau der Militärschule funktionierte man das vorgelagerte Marsfeld zum Exerzierplatz um. Hier fand auch das große Fest statt, mit dem die Revolution am 14. Juli 1790 den ersten Jahrestag der Erstürmung der Bastille feierte. In den friedlichen Jahren 1867 und 1878 stand der Champ de Mars im Zeichen der großen Weltausstellungen. Den Höhepunkt des neuen Industriezeitalters stellte die Weltausstellung von 1889 dar, mit der für diesen Anlass erbauten Tour Eiffel. Ursprünglich sollte der Eiffelturm nur 20 Jahre stehen bleiben. Doch dank der fortschreitenden Übertragungstechnik blieb er bis heute erhalten: Zunächst nutzte man ihn nur als meteorologische Station, dann als Funkstation und später für das Radio – Gustave Eiffel erlebte 1921 die erste europaweite Live-Übertragung von hier. Seit 1935 profitiert das Fernsehen von dem Turm. Eine Beschreibung des heutigen Hightech-Infotainment-Gastro-Events »Tour Eiffel« würde ein ganzes Handbuch füllen – wer aber steckt hinter dem Unternehmen?

Die wahre Geschichte des Eiffelturms

Es war einmal vor langer Zeit, mitten im kältesten Winter – um genau zu sein am 10. Januar 1680 –, als ein Kindlein in der weltabgeschiedenen Eifelgemeinde Marmagen auf den Namen Wilhelm Heinrich Johann Bönickhausen getauft wurde. Vermutlich hätte nie ein Hahn nach jenem Sohn Marmagens gekräht, wenn dieser nicht im Jahr 1710 nach Frankreich in die Dienste des französischen Königs gegangen wäre. Dort änderte er flugs seinen Namen in »Jean René Bönickhausen, dit Eiffel«. Der Mann aus der »Eiffel« – so die damals übliche Schreibweise – begründete einen Namen, der seither für bahnbrechende Ingenieurskunst steht.
Sein Ururenkel, Gustave Alexandre Eiffel, sollte der Vater des berühmtesten Bauwerks von Paris, ja von ganz Frankreich werden. Bis Eiffel sein gigantisches Vorhaben im Jahr 1889 auf dem Champ de Mars verwirklichen konnte, hatte er manchen Kampf auszufechten. Schließlich ging es um die Weltausstellung und damit um das Prestige der Grande Nation. Ein 300 Meter hoher Turm aus Eisenfachwerk, unverkleidet, bar jeden Bauschmucks, ohne klassische Säulen, heroische Statuen und heraldische Applikationen – das war eine Revolution! Passend zum 100. Jahrestag der Französischen Revolution fanden die einen. Die anderen jedoch, unter ihnen viele Künstler, protestierten in einem Aufruf gegen »die Errichtung des unnötigen und ungeheuerlichen Eiffelturmes«.
Den Schriftsteller Guy de Maupassant trieb sein Anblick gar aus Paris, ja, aus Frankreich hinaus. Er klagte, »er ist überall und in jedem erdenklichen Material erhältlich, in jedem Schaufenster ausgestellt, ein unentrinnbares, quälendes Albdrücken«. Später konnte er dem geschmähten Bauwerk doch noch etwas abgewinnen,

1 *Blick vom Trocadéro auf den Eiffelturm.* – 2 *Die Champagnerbar im dritten Stock des Eiffelturms ist weltberühmt.* – 3 *Der Vater des Turms, Gustave Eiffel, in Bronze.* – 4 *Futuristisch: der Blick aus der Mitte des abends beleuchteten Eiffelturms nach oben.*

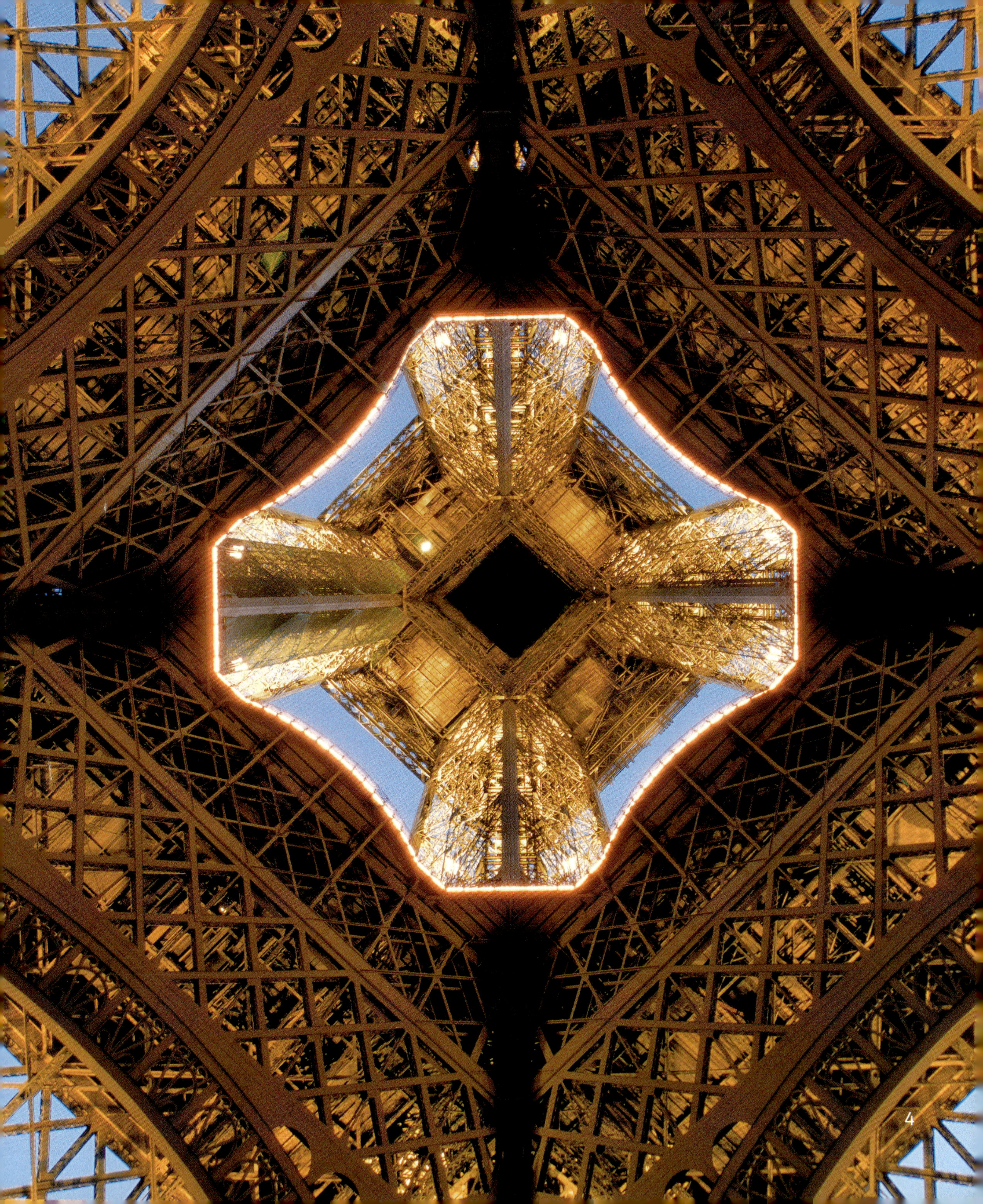

4

1

MORTS POUR LA FRANCE
1939-1945
APPEL DU 18 JUIN 1940
Certes, nous avons ete, nous sommes, submerges par la force mecanique, terrestre et aerienne, de l'ennemi.
Ce sont les chars, les avions, la tactique des Allemands qui ont surpris nos chefs au point de les amener la ou ils en sont aujourd'hui.
Croyez-moi, moi qui vous parle en connaissance de cause et vous dis que rien n'est perdu pour la France.
Les memes moyens qui nous ont vaincus peuvent faire venir un jour la victoire.
Car la France n'est pas seule! Elle n'est pas seule! Elle n'est pas seule! Elle a un vaste Empire derriere elle.
Elle peut faire bloc avec l'Empire Britannique qui tient la mer et continue la lutte.
Elle peut, comme l'Angleterre, utiliser sans limites l'immense industrie des Etats-Unis.
Cette guerre n'est pas limitee au territoire malheureux de notre pays. Cette guerre n'est pas tranchee par la bataille de France.
Cette guerre est une guerre mondiale. Toutes les fautes, tous les retards, toutes les souffrances, n'empechent pas qu'il y a dans l'univers
tous les moyens necessaires pour ecraser un jour nos ennemis. Foudroyes aujourd'hui par la force mecanique,
nous pourrons vaincre dans l'avenir par une force mecanique superieure. Le destin du monde est la.
Moi, General de Gaulle, actuellement a Londres, j'invite les officiers et les soldats francais qui se trouvent en territoire britannique
ou qui viendraient a s'y trouver, avec leurs armes ou sans leurs armes, j'invite les ingenieurs et les ouvriers specialistes des industries
d'armement qui se trouvent en territoire britannique ou qui viendraient a s'y trouver, a se mettre en rapport avec moi.
Quoi qu'il arrive, la flamme de la resistance francaise ne doit pas s'eteindre et ne s'eteindra pas.
Demain, comme aujourd'hui, je parlerai a la Radio de Londres.
GENERAL DE GAULLE

2

und zwar das Restaurant in luftiger Höhe. Nicht etwa wegen der exklusiven Küche, sondern weil es »der einzige Platz in Paris ist, an dem man ihn nicht sieht!« Der Turm aber hat allen Stürmen der öffentlichen Meinung standgehalten. Eiffel, der, wie man heute sagen würde, ein Marketinggenie war, gelang es mit leidenschaftlichem Geschick und naturwissenschaftlicher Argumentation sogar, den 1909 geplanten Abriss zu verhindern. Und so war der Eiffelturm bis 1930 das höchste Bauwerk der Welt, bis ihn das Empire State Building in New York übertraf. »Le père de la tour c'est Eiffel – mais l'idee et les calculs, c'est moi« – »Der Vater des Turms ist Eiffel, aber die Idee und die Berechnungen, die sind von mir«, war die Meinung von Maurice Koechlin, dem Chefingenieur der Firma Gustave Eiffel & Cie. Ihm und Nouguier, einem weiteren Ingenieur, kaufte Eiffel die Rechte am Patent ab. Fest steht: Ohne Koechlins innovative Ingenieursleistung wäre der Turm nie konstruiert worden.

Triumph, ein monumentales Thema

Die Ecke Champs-Élysées – Avenue de Friedland ist der klassische Standpunkt für Fotografen und Filmcrews. Von hier hat man den Postkartenblick und einen überwältigenden Eindruck von dem Tempo, mit dem man in der französischen Metropole lebt. In PS-starken Wellen wird der Verkehr um den Arc de Triomphe gepumpt, Autos fluten in Sechserreihen den Platz, um sich anschließend in die zwölf Avenues zu ergießen, die sternförmig vom Zentrum ausgehen.

Das Bauwerk selbst ruht mit seiner Monumentalität in sich. Mit der Wucht von 50 Metern Höhe, 45 Metern Breite und dem riesigen Bogen, der die Hauptachse überspannt, vermittelt es unerschütterlich die Glorie der großen Siege der Napoleonischen Heere bei Austerlitz und Marengo. Auf Befehl des Kaisers wurde 1806 das Projekt eines gewaltigen Triumphbogens begonnen. Napoleon hatte eine Achse im Sinn, die von der Anhöhe von Chaillot aus über den Louvre und die Place de la Bastille bis zur Place de la Nation in den Osten führen sollte. Heute zeigt diese Achse auch nach Westen über den Pont de Neuilly bis zum neuen Stadtteil La Défense, wo sie (vorläufig) an der Grande Arche endet, dem modernen Gegenstück zum Triumphbogen. Dieses über 100 Meter hohe Monument wurde anlässlich der Zweihundertjahrfeier der Französischen Revolution errichtet und gehörte zu den ehrgeizigsten Projekten von François Mitterrand.

Chalgrin, der Architekt des napoleonischen Arc de Triomphe, bezog sich bei seinem Entwurf auf die Porte Saint-Denis im Osten von Paris, wenn auch das neue Prestigeprojekt diese weit übertreffen sollte. Aber schon beim Bau der Fundamente traten Schwierigkeiten auf. 1810, bei der Hochzeit Napoleons mit Marie-Louise von Österreich, zogen Kaiser und Kaiserin feierlich durch ein bemaltes Holzmodell im Maßstab 1:1. Erst Louis Philippe hat 1836 den Arc de Triomphe vollendet. Der Platz, dessen Zentrum er bildet, ist im Wesentlichen ein Werk des Baron Haussmann. Die zwölf, auf das weite Rund führenden Avenuen tragen durchweg patriotische Namen, nach den Siegen Napoleons, nach seinen Generälen oder schlicht und einfach nach »La Grande Armée«. Seit dem Jahr 1920 gedenkt man an dieser Stätte auch der vielen Gefallenen des Ersten Weltkriegs.

3

Notizen aus dem 16. Arrondissement

Die Zeremonie war kurz und nett an dem heißen Sommertag im Jahr 2003, als Bertrand Delanoë, Bürgermeister von Paris,

1 *Postkartenblick aus einer der zwölf Pariser Avenues, die sternförmig auf den Arc de Triomphe zulaufen.* – 2 *Gedenktafeln erinnern an die Toten des Ersten Weltkriegs, die nie identifiziert wurden.* – 3 *Auch bei Malern ist der Triumphbogen ein beliebtes Motiv.*

ein neues Straßenschild enthüllt. Auf dem Emailleschild steht es cremeweiß auf Nachtblau: »Place Marléne Dietrich, actrice américaine, d'origine allemande«. Der Ort, der seither den Namen der »amerikanischen Schauspielerin deutscher Herkunft« trägt, ist eigentlich nur ein Zusammentreffen dreier Straßen unweit des Trocadéro. Mit der Namensgebung ehrt Paris die große Schauspielerin und Sängerin, die ihre letzten Lebensjahre in der Stadt an der Seine verbrachte.

Jedoch: Die Dietrich wohnte nicht hier in diesen stillen Straßen, sondern in der Avenue Montaigne. Ihre letzte Adresse gehört zu den ersten Adressen in Paris. Wer hier zu Hause ist, hat Nachbarn namens Emmanuel Ungaro, wie auf Nummer 2, Christian Dior auf Nummer 30, Chanel auf Nummer 40 und Jean-Louis Scherrer auf Nummer 51. Marlene Dietrich lebte einsam im Haus Nummer 12 und war nur für eine Hand voll Freunde zu erreichen.

Für die Paparazzi, die stets vor dem Hauseingang lungerten, blieb La Dietrich bis ins hohe Alter – sie wurde 90 Jahre – eine begehrte Trophäe. Das letzte Foto zeigt sie verhüllt, mit Kopftuch und schwarzer Brille. Die Klatschpresse schloss daraus, dass die Diva den Mythos ihrer makellosen Schönheit nicht zerstören wollte.

Als die Dietrich, die von der französischen Regierung die Auszeichnungen Chevalier de la Légion d'Honneur und Officier de la Légion d'Honneur erhalten hatte, am 6. Mai 1992 starb, verabschiedeten sich die Pariser mit einer Trauerfeier in der Madeleine von der Wahlpariserin. Marlene Dietrich wurde in Berlin beigesetzt.

Hochburgen der Haute Couture

Mittagszeit auf der Avenue Montaigne. Gegenüber von »Chanel« genießt man vor dem »L'Avenue« bei einem kleinen Salat und einem Gläschen stillen Wasser die Herbstsonne. Vor dem Hause »Chanel« rauchen Herren mit starkem Profil und silbernen Schläfen dicke Zigarren, dezent umringt von bulligen Lederjacken-Sonnenbrillen-Kombinationen. Man wartet auf die Damen, die gerade für den langen russischen Winter einkaufen. Man bespricht das Neueste aus dem Kaviargeschäft und achtet darauf, nicht fotografiert zu werden. Denn auf der anderen Straßenseite demonstriert ein Dutzend junger Frauen gegen das Tragen von Pelz. Und die Presse ist auch schon da. »Non à la fourrure, non à la torture« – »Nein zu Pelzen, nein zur Quälerei«. Die Parole, in den höchsten Stimmlagen hervorgebracht, braucht kein Megafon zur Unterstützung. Bei »Chanel« und »Dior« wird man unruhig, aber die jungen Damen und Herren vom Verkauf verschwinden recht bald wieder hinter den Glasfassaden. Ein Angriff auf die Haute Couture – wie gewöhnlich! Michel de Montaigne hingegen, der französische Humanist, Schriftsteller und Politiker (1533–1592), nach dem die Modemeile benannt ist, pflegte eine etwas andere Einstellung: »Ich will, dass man mich in meiner schlichten, natürlichen und gewöhnlichen Art sehe, ohne Gesuchtheit und Geziertheit: denn ich bin es, den ich darstelle.« Voilà!

Luxuriöse und exklusive Wohnlage

Zwischen den Champs-Élysées, der Avenue Montaigne und dem Seineufer liegt das »Goldene Dreieck«. In diesen eleganten Lagen verschwinden Vermögen in wenigen Quadratmetern. Beispiel Avenue Montaigne: Ein Appartement von 50 Quadratmetern »nach hinten« kostet zwischen 450 000 und 650 000 Euro, Tendenz steigend. »Mit Aussicht« darf's etwas

1 *Mit einem eigenen Platz ehrte Paris die Schauspielerin und Sängerin Marlene Dietrich, die ihre letzten Lebensjahre in der Stadt an der Seine verbrachte.* – 2 *Zwischen Champs-Élysées und Eiffelturm in der Avenue Montaigne: das Fünf-Sterne-Hotel »Plaza Athenée«.*

2

1

2

mehr sein, so um die 150 000 Euro wird's teurer. Aber, wie renommierte Maklerfirmen versichern, der Markt ist intakt. Wohnraum im absoluten Premiumbereich ist selten und die Nachfrage, vor allem aus Asien und dem aufstrebenden Osten, ist groß.
Wer nicht ganz so viel investieren möchte, der kann es ja mal mit dem Hotel »Plaza Athénée«, Avenue Montaigne Nummer 25 versuchen. Übernachtung im Deluxe Room »mit Aussicht«: ab 1400 Euro. Dafür ist man aber auch direkt im Schnittpunkt von Mode, Unterhaltung und Business. Nicht zu vergessen, dass ein Abend im Restaurant des unnachahmlichen Alain Ducasse Sternstunden der Kochkunst verheißt.

Eine Skulptur für Prinzessin Diana

Seit dem tödlichen Autounfall von Lady Diana, Princess of Wales, am 31. August 1997, ist die bis dahin wenig beachtete Skulptur »Flamme de la Liberté« über dem Straßentunnel an der Place de l'Alma eines der am meisten fotografierten Motive in Paris. Der Strom der trauernden Verehrer und Verehrerinnen, die dort Briefe, Gedichte und Blumen niederlegen, reißt nicht ab. Die Stadtväter, die ein »Lady-Di-Memorial« immer abgelehnt haben, stehen angesichts des Kults um die »Prinzessin der Herzen« auf verlorenem Posten. Es bleibt ihnen nichts anderes übrig, als verwelkte »Votivgaben« regelmäßig entfernen zu lassen. Die Skulptur der »Flamme der Freiheit« ist übrigens die Kopie der Fackel, die die New Yorker Freiheitsstatue in die Höhe hält, und kam 1987 als Geschenk in die Stadt Paris.

NAP – Überleben unter Reichen

Bis ins 18. Jahrhundert hinein erstreckte sich im Westen von Paris eine liebliche Landschaft aus Gärten, Viehweiden und Weinbergen. In den kleinen Dörfern konnten Bauern und Handwerker von ihrer Arbeit leben. Ihre Waren brachten sie auf die Märkte der großen Stadt. Die Idyllen von Chaillot, Passy und Auteuil waren Anziehungspunkte für die Pariser Stadtbevölkerung. Erst 1860 entstand hier das 16. Arrondissement, als Napoleon III. und sein Präfekt Haussmann die drei Dörfer eingemeindeten. Mit der Neugestaltung der Place de l'Étoile schuf Stadtsanierer Baron Haussmann durch die Avenue de l'Imperatrice, die heutige Avenue Foch, eine Verbindung zum Bois de Boulogne.
In diesem neu erschlossenen »Westend« entstand eine begehrte Wohnlage der Luxusklasse. Bis in den Süden strahlte L'Étoile – und bald schon schluckten die neuen Boulevards des Großbürgertums die Dörfer Auteuil und Passy. Zusammen mit dem nahen Neuilly, einem vornehmen Vorort nördlich des Bois de Boulogne am Ufer der Seine, stehen sie für das Kürzel NAP. In Paris weiß jeder, was damit gemeint ist: eine der exklusivsten Wohngegenden der Metropole Paris – oder ein »Ghetto der Reichen«, wie es die Gruppe »Les Inconnu« – echte Rapper aus NAP – in ihrem Song »Auteuil-Neuilly-Passy« satirisch überspitzt hat: »Auteuil-Neuilly-Passy, c'est pas du gâteau; Auteuil-Neuilly-Passy, tel est notre ghetto« (auf Deutsch etwa: »Auteuil-Neuilly-Passy, das ist kein Zuckerschlecken; Auteuil-Neuilly-Passy, das sind unsere Ghettoecken«).

3

Zum Schluss setzten »Die Unbekannten« noch eins drauf, im Sinne von: »Wir kommen aus Familien, die keinen Mangel kennen; wir kommen aus Familien, wo man kaum hätte mehr leiden können«. Übrigens lebt der größte Teil der rund 200 000 Pariser Hausangestellten im noblen NAP.

1 *Ruderspaß auf dem Lac Inférieur im Bois de Boulogne.* – 2 *Das Luxusrestaurant »La Grande Cascade« im Bois de Boulogne war einst ein Jagdpavillon von Napoleon III.*
3 *Die »Flamme de la Liberté« über dem Straßentunnel an der Place de l'Alma erinnert an den tödlichen Autounfall von Lady Di.*

1

2

3

Im Prinzip modern

Im Süden des 16. Arrondissements, in Passy, ist Radio France zu Hause. Der dominante Rundbau mit seiner glänzenden Aluminiumfassade, ein Bauwerk der 1960er-Jahre, kam im Gegensatz zu vielen anderen Neubauten bei den Parisern sofort gut an. De Gaulle sah in ihm die Verkörperung des »Zusammenhalts des nationalen Rundfunks«. Das angeschlossene Museum zeigt zum Beispiel das erste Telegramm, das man 1898 vom Eiffelturm ins Panthéon übertragen hat.

Auf der Anhöhe von Chaillot, die heute zusammen mit dem westlichen Teil der Champs-Élysées noch zum Standardprogramm der Parisbesucher gehört, liegt der Palais de Chaillot. Er ersetzte 1937 den alten Palais du Trocadéro. Der neue Baustil griff nach den Freiheiten des Art nouveau, der französischen Jugendstil-Variante, wieder auf die akademisch-klassische Formensprache zurück – in einer den 1930er-Jahren entsprechend national geprägten, monumentalen Art. Der Palais de Chaillot oder Le Trocadéro, wie er im Volksmund immer noch heißt, beherbergt unter anderem das Musée de l'Homme, das bis 2014 renoviert wird, das Musée de la Marine und die Cité de l'Architecture et du Patrimoine, 2007 von Jean-François Bodin und Hamid Boughaba gestaltet.

Das ehemalige Dorf Auteuil, das heute auf den ersten Blick eine betuliche Kleinstadt irgendwo in der Provinz sein könnte, ist eine Mischung aus großen Boulevards und kleinen Sträßchen, von denen etliche die Bezeichnung »Villa« tragen. Damit ist nicht etwa eine großartige Residenz gemeint, sondern eine mit Gittertoren verschlossene Privatstraße. Wer eine Wohnung in solch einem idyllischen Mikrokosmos ergattert, kann sich glücklich schätzen. Auteuil wartet außerdem mit vielen Beispielen moderner Architektur auf. Hector Guimard, der Hauptvertreter des Art nouveau oder auch »modern style«, ist mit mehreren Beispielen in der Rue de la Fontaine vertreten: Castel Béranger, Nummer 14, und die Hausnummern 19 und 21.

Le Corbusier in Paris

Einer der bedeutendsten Architekten des 20. Jahrhunderts, der seine Ideen in Paris verwirklichte, war Le Corbusier. Sehenswert ist die Fondation Le Corbusier am Square du Docteur Blanche Nummer 8, nahe der Metrostation »Jasmin«. Am Ende des Sträßchens befinden sich zwei der ersten Häuser Le Corbusiers, die Villen La Roche und Jeanneret aus den frühen 1920er-Jahren. Es sind die einzigen verwirklichten Projekte einer geplanten Straßenzeile.

Die Stiftung ist in den Räumen der Villa Jeanneret untergebracht und zeigt Le Corbusiers Schaffen. Die Gestaltung des Innenbereichs weist schon auf seine fünf Grundsätze hin: Terrassendach, tragende Stützpfeiler für großzügige Durchgänge, große hoch- oder querformatige Fensterflächen, Galerien und flächig versetzte Fassaden.

1 und 3 *Der Palais de Chaillot, 1937 im neoklassizistischen Stil erbaut, diente als Eingang zur damaligen Weltausstellung. Die Terrasse ist bei Skatern und Flaneuren gleichermaßen beliebt.* – 2 *Architekturstudenten in der Fondation Le Corbusier.* – 4 *Die großen Bronzefiguren vor dem Palais de Chaillot nutzen Modefotografen gerne als Requisiten.*

4

Erfrischendes Nass: Im Sommer sprühen die Fontänen des Brunnens »Fontaine de Varsovie« in den Jardins du Trocadéro. Der Name des in mehreren Terrassen vor dem Palais de Chaillot angelegten Gartens geht auf die Schlacht von Trocadéro im Jahr 1823 zurück.

1

2

Pariser Top Ten

Tour Eiffel

Der Höhepunkt der Weltausstellung von 1889 war die kühne Stahlkonstruktion von Eiffel. In die Schlagzeilen geriet sie zunächst wegen ihrer »Scheußlichkeit«. Der Anblick des Turms vertrieb Guy de Maupassant gar aus Paris. Später gewann er ihm doch noch etwas ab: das Restaurant in luftiger Höhe. Nicht etwa wegen der exklusiven Küche des »Jules Verne«, sondern weil es »der einzige Platz in Paris ist, an dem man ihn (den Turm) nicht sieht!« In der Tat – der Rundblick ist großartig, besonders bei Sonnenuntergang.

La Sainte-Chapelle

Das gotische »Schatzkästchen« König Louis' IX., des Heiligen, bewahrt die vermeintliche Dornenkrone Jesu. Im Jahr 1239 erwarb Louis IX. diese religiös und politisch bedeutende Reliquie. Zwei Jahre später kam noch ein Stück vom Kreuz Christi hinzu. Von der Unterkapelle gelangt man über eine enge Treppe in die Oberkapelle, die der königlichen Familie und dem Hofstaat vorbehalten war. Auf 600 Quadratmetern kunstvoll bemalter Glasfläche wird die Genesis dargestellt. Die berühmten Glasfenster, von denen zwei Drittel noch original erhalten sind, stellen ein herausragendes Beispiel für die Glasmalerei dieser Zeit da. Sie gilt als beispielhaft für den gotischen Style rayonnant aus der Mitte des 13. Jahrhunderts.

Notre-Dame

Das gotische Meisterwerk, im Jahr 1160 unter Bischof Maurice de Sully begonnen, wurde im 14. Jahrhundert fertiggestellt, soweit man das von einem Bauwerk, das seither viele Baumaßnahmen und Renovierungen erlebt hat, sagen kann. Nach dem letzten »Jahrhundert-Facelifting« erstrahlt die Kathedrale in neuem Glanz. Gesäubert sind auch die Skulpturen der Fassade, von denen Mark Twain sich wünschte, sie könnten sprechen, denn »sie könnten Geschichte erzählen, die des Zuhörens wert wären«. Bei der Besichtigung der Kathedrale empfiehlt sich auch der Aufstieg in den Nordturm zur Galerie der Chimären.

Musée du Louvre

Das Lächeln der »Mona Lisa« ist Gold wert und gibt viele Rätsel auf. Experten vertreten die These, es handle sich vielleicht um eine andere Frau. Größer, schöner – bislang hat fast jeder Herrscher den Louvre erweitert, umgebaut und neu konzipiert. Die Glaspyramide des Architekten Ieoh Ming Pei, das bisherige Wahrzeichen der Louvre-Höfe, hat seit 2012 Konkurrenz. François Hollande kam im September zur Eröffnung. Kunst aus islamischen Ländern ist in der achten Louvre-Abteilung nun in zwei Stockwerken unter einem bisher nicht genutzten Innenhof zu bewundern. Das Dach der oberen Etage, eine Glasdecke, unter der ein gewelltes Metallgewebe das Licht effektvoll filtert, hat bereits für poetische und polemische Bezeichnungen gesorgt, wie Düne, Wüstenzelt, Wolke oder eben einfach, wie vielleicht für Paris typischer, ein riesiges Stück Käse. Diese Franzosen. Pünktlich zur Eröffnung veröffentlichte die Satire-Zeitung *Charlie-Hebdo* erneut Mohammed-Karikaturen. Erst 2011 hatten Fundamentalisten die Redaktion in Brand gesteckt. Bessere kulturelle Verständigung? Darauf hoffen die Initiatoren der Louvre-Abteilung zur Kunst der islamischen Zivilisationen.

Musée d'Orsay

Eigentlich verdankt Paris eines seiner bedeutendsten Museen einer Fehlplanung. Der ehemalige Bahnhof Gare d'Orsay wurde am 14. Juli 1900 zum französischen Nationalfeiertag und aus Anlass der Weltausstellung eröffnet, doch schon bald waren die Bahnsteige für die neuen Züge zu kurz: Der Bahnhof wurde stillgelegt. 1986 kam unter Mitterrand dann Kunst des ausgehenden 19. und des beginnenden 20. Jahrhunderts in die große Bahnhofshalle. Sie ist sogar größer als das Kirchenschiff

1 *Vom Arc de Triomphe du Carrousel führt die Achse via Tuilerien und Champs-Élysées zum großen Triumphbogen.* 2 *Blick vom Pont Saint-Michel auf Notre-Dame.* – 3 *Abends erstrahlt die Fassade des Louvre in warmem, gelbem Licht.*

von Notre-Dame. Die zeitlich chronologische Ausstellung umfasst außer den klassischen Ausdrucksformen Malerei und Skulptur auch Kunsthandwerk, Grafik und Fotografie.

Die Passagen von Paris

Die angenehm altmodischen Ladenpassagen unter ihren hohen Glasdächern gingen den großen Kaufhäusern voraus. Sie entstanden in einer Zeit, als die Straßen noch nicht asphaltiert und ein Einkaufsbummel in den engen Gassen recht beschwerlich war. Es sollen etwa 150 Passagen gewesen sein, nur noch 20 von ihnen sind noch erhalten. Die edlen, »Colbert« und »Vivienne«, befinden sich in der Nähe des Palais Royal – Jean-Paul Gaultier hat sie sich als Standort auserkoren. Besonders entspannt geht es in den Passagen »Verdeau«, »Jouffroy« und »Panoramas« zu. Hier erwacht erst um die Mittagszeit das Geschäftsleben, wenn die vielen Angestellten der umliegenden Banken und der Börse zur Mittagspause ausschwärmen.

Cimetière du Père-Lachaise

Père-Lachaise ist der größte Friedhof von Paris und einer der berühmtesten der Welt. Benannt ist er nach dem Pfarrer François d'Aix Lachaise, auf dessen Gärten man den Friedhof im 19. Jahrhundert errichtete. Der Père-Lachaise mit seinen langen gepflasterten Alleen, den alten Baumriesen und den verschnörkelten Grabmonumenten beherbergt viele Berühmtheiten: Honoré de Balzac, Frédéric Chopin, Max Ernst, Molière, La Fontaine, Édith Piaf, Marcel Proust und Jim Morrison.

Montmartre und Sacré-Cœur

Montmartre war schon in tiefster Vergangenheit ein Ort gallischer Kulte. Später bauten die Römer hier Tempel für die Götter Mars und Merkur. Aus dem Mittelalter stammt die Kirche Saint-Pierre, die älteste von Paris. Ihre große, glänzende Nachbarin, Sacré-Cœur, wurde erst Ende des 19. Jahrhundert erbaut. Die Kirche wurde vom Architekten Paul Abadie begonnen. Die Schrecken der Kommune und die Schmach des Deutsch-Französischen Kriegs von 1870/71 führten zum Beschluss der Nationalversammlung, den weißen Kirchenbau zu errichten. Die Basilika ist dem »Heiligen Herz Jesu« geweiht. Vom Vorplatz bietet sich ein herrlicher Blick über die Stadt.

Die Seine

Der Fluss, der die Hauptstadt teilt, prägte das Stadtbild wie in keiner anderen Metropole. Das liegt auch an den bisher 37 Brücken. Der Flussabschnitt zwischen Pont de Sully und Pont d'Iéna steht seit 1991 auf der UNESCO-Liste der zu schützenden Kulturdenkmäler. Die großartige Stadtkulisse zu beiden Seiten lässt sich bei einer Fahrt mit den »Bâteaux Mouches« bewundern. Künftig« wird das Seine-Ufer immer schöner. In Höhe von Notre-Dame ließ der Bürgermeister von Paris die Uferautobahn auf 1,2 Kilometern Länge verkehrsberuhigen. Als Nächstes wird das linke Ufer zwischen Eiffelturm und Musée d'Orsay für Autos gesperrt. Cafés, Freiluftbühnen, schwimmende Gärten – Fußgänger und Radler bekommen ein Stück Lebensqualität zurück.

Die Brasserien auf dem Montparnasse

Die Brasserie ist die große Schwester des Bistros. Vom Bierausschank einer Brauerei hat sie sich zu einem eleganten Speisesaal gewandelt und damit dem einfachen Bistro den Rang abgelaufen. Der »Esprit Brasserie« steht oft genug für wunderbare Art-déco-Tempel, in denen der traditionellen französischen Küche gehuldigt wird.
Die berühmtesten wie das »La Coupole«, das »Dôme« und das »La Rotonde« befinden sich auf dem Montparnasse. Während der »Années folles«, den wilden Jahren Anfang des 20. Jahrhunderts, feierten hier Joséphine Baker, Man Ray und Picasso und begründeten den legendären Ruf der großen Brasserien. Die Künstler konnten für wenig Geld einen Tisch für die ganze Nacht besetzen.

Festivals & Events

Les Grandes Eaux Musicales – Versailles' Brunnenfestival
Zur Musik der großen französischen Barockkomponisten, die das Centre de Musique Baroque in Versailles alljährlich neu auswählt, lässt es sich hervorragend flanieren. Während der musikalischen Promenade gibt es vieles zu entdecken, von den Bosquets, den für kleine Empfänge angelegten intimen Hainen mit ihren grünen Hecken, bis zu den künstlichen Wasserläufen der großzügigen Parkanlage. Höhepunkt des Brunnenfestivals ist das Feuerwerk am Schluss, das mit den Fontänen um die Wette sprüht. Von März bis Oktober, weitere Infos unter: www.chateauversailles-spectacles.fr

Festival de l'Imaginaire – Paris steht kopf
Jedes Jahr von März bis Juni stellen Künstler aus aller Welt mit einem wahren Feuerwerk aus Musik, Tanz, Pantomime, Theater, Zauberei, Zirkus und Ausstellungen Paris auf den Kopf. Maison des Cultures du Monde, www.mcm.asso.fr

Paris Plage – Strandferien an der Seine
Paris liegt am Meer – das könnte man glauben, wenn man während der heißen Sommerwochen am Seineufer im warmen Sand liegt und die Augen schließt. Seit einigen Jahren wird jedes Jahr ein Stück Sahara nach Paris verfrachtet und tonnenweise auf den Quais ausgebreitet. Auf dem rechten Ufer mit Blick auf die Inseln findet das Strandvergnügen von Mitte Juli bis Ende August statt.

Journées du Patrimoine – ein Tag im Élysée-Palast
Jack Lang war sicherlich der im Ausland bekannteste französische Kultusminister. 1984 rief er die Journées du patrimoine, die Tage des Kulturerbes, ins Leben. Sie finden seither großen Anklang und ein starkes Interesse im In- und Ausland; andere europäische Städte haben das Konzept übernommen. In Paris kann man an diesen Tagen viele Monumente besichtigen, die sonst für die Öffentlichkeit unzugänglich sind – selbst das Zentrum der französischen Politik, den Élysée-Palast. Anfang September. www.journeesdupatrimoine.culture.fr

Nuit Blanche – Lichtinstallationen im nächtlichen Paris
Am 6. Oktober macht Paris die Nacht zum Tag. Auf Plätzen, in Monumenten und öffentlichen Einrichtungen zeigen nationale und internationale Künstler bis etwa 3 Uhr morgens Performances und Lichtinstallationen.

Fête des Vendanges – die Lage ist aussichtsreich!
Seit 1934 ist es auf dem Montmartre Tradition, jährlich bis Mitte Oktober die Fête des Vendanges de Montmartre zu feiern. Das Volksfest beginnt mit einem großen Umzug, abends finden Konzerte statt. Confréries du Vin (Weinbruderschaften), Folkloregruppen, Musiker und Künstler – alles wird aufgeboten, um das Publikum zu unterhalten. www.fetedesvendangesdemontmartre.com

Les Nuits capitales – Marathon durch das Pariser Nachtleben
Konzerte, Theaterstücke und Happenings machen Pariser Bars und Kneipen, aber auch Buchläden und Cafés vom frühen Nachmittag bis in die Nacht noch anziehender als sonst. Eine Woche im November, www.nuitscapitales.com

Eiffelturm on Ice – Schlittschuh laufen auf dem Eiffelturm
In 57 Metern Höhe verwandelt sich die erste Plattform des Eiffelturms im Winter in eine glitzernde Eisfläche. Der Schritt aufs Glatteis mit Leihschlittschuhen ist für die Besucher des Monuments kostenlos. Am schönsten ist das natürlich abends, wenn das sportliche Ereignis farbig beleuchtet ist und sich zusätzlich die Glitzershow des Turms im Eis spiegelt. Eine Bar lädt ein, sich bei Glühwein (!) aufzuwärmen. Das Vergnügen »Eiffelturm on Ice« kann man von Anfang Dezember bis Anfang Februar täglich von 9.30 bis 23.00 Uhr genießen. www.tour-eiffel.fr

1 *Die Glaspyramide ist das moderne i-Tüpfelchen auf dem Louvre.* – 2 *Den »kleinen« Triumphbogen am Louvre ließ Napoleon I. zum Gedenken an seine Grande Armée errichten.* – 3 *Das Fresko von Marc Chagall in der Opéra Garnier.*

Zeittafel

3. Jh. v. Chr.–280 v. Chr.
Die keltischen Parisii gründen die Siedlung Lutuhezi. Die Römer bauen sie 52 v. Chr. als Lutetia wieder auf.

um 280 n. Chr.
Zerstörung während der Zeit der Völkerwanderung.

5.–6. Jh.
Die heilige Genoveva bewahrt Paris vor den Hunnen. Die Herrschaft der fränkischen Merowinger beginnt mit Chlodwig I. (466–511). Paris wird im Jahr 508 zur Hauptstadt Galliens.

9. Jh.
Die Karolinger verlagern das Zentrum der Macht nach Aachen, in die Kaiserpfalz Karls des Großen (768–814).

10.–13. Jh.
987 wird Hugues Capet König und das Machtzentrum verlagert sich zurück nach Paris. König Philippe I. (1060–1108) hält sich oft auf der Île de la Cité auf. Philipp II. Augustus (1165–1223) befestigt Paris und gründet die Universität.

1339–1453
»Hundertjähriger Krieg« mit England. Jeanne d'Arc und Charles VII. belagern Paris 1429, aber es wird erst 1436 befreit.

16. Jh.
François I. gründet 1530 das Collège de France. Religiöser Fanatismus gipfelt in den Hugenottenkriegen und 1572 in der Bartholomäusnacht.

17. Jh.
Von 1643 bis 1715 herrscht Louis XIV., der Sonnenkönig. Er zieht nach Versailles. Paris bekommt Straßenbeleuchtung, zuverlässige Wasserversorgung und Krankenhäuser.

1789–1799
Mit dem Sturm auf die Bastille am 14. Juli 1789 beginnt die Französische Revolution. Zigtausende werden enthauptet, sogar die Anführer der Revolution.

1799–1815
Napoleon Bonaparte wird 1799 Erster Konsul. 1804 krönt er sich selbst zum Kaiser. In Paris entstehen große Monumente wie der Arc de Triomphe.

1814–1870
Frankreich behauptet auf dem Wiener Kongress seine Stellung als Großmacht in Europa. Nach der Julirevolution von 1830 gedeiht der Handel. 1848 wird in Paris der »Bürgerkönig« Louis Philippe gestürzt. Napoleon III. ernennt sich 1852 zum Kaiser. Paris bekommt unter Baron Haussmann (1809–1891) breite Boulevards.

1871–1914
Nach dem Deutsch-Französischen Krieg der Jahre 1870/71 rebelliert die Pariser Kommune. Der Aufstand der Arbeiter und Handwerker wird blutig niedergeschlagen. Im bürgerlichen Zeitalter der Belle Époque blühen Kunst und Wissenschaften.

1914–1944
Nach dem Ersten Weltkrieg ist Paris die Stadt der künstlerischen und literarischen Avantgarde. Im Zweiten Weltkrieg besetzen deutsche Truppen Paris. Am 15. August 1944 befreien die Alliierten unter General de Gaulle Paris.

1968
Im Mai 1968 kommt es zu heftigen Protesten. Zahlreiche Studenten und Arbeiter gehen auf die Barrikaden.

1989
200 Jahre nach der Revolution lässt Präsident François Mitterrand die Glaspyramide des Louvre, die Bastille Opéra und La Grand Arche in La Défense errichten.

2005
Das »Non« der Franzosen zum Referendum zur EU-Verfassung am 29. Mai stürzt den Élysée-Palast und die EU in eine Krise.

2007–2012
Alle neidischen und begehrlichen Blicke richten sich auf Carla Bruni, seit 2008 die neue Präsidentengattin. Politisch arbeiten Nicolas Sarkozy und Angela Merkel so eng zusammen, dass die Medien das deutsch-französische Duo zu »Merkozy« fusionieren lassen. Die französische Presse kontert mit »Sarkokel«.

2012
François Hollande wird Staatspräsident. Beginn des Umbaus am Forum des Halles. Eröffnung des Flügels für Kunst der islamischen Zivilisationen im Louvre. Erste Verkehrsberuhigungen am Seineufer.

1

2

Übernachten & Genießen

Übernachten

Helder Opéra
4, Rue Helder,
Tel. (01) 47 70 70 67,
Metro: Opéra Garnier,
www.helder-paris-hotel.com.
Die 22 Zimmer im maritimen Stil sind modern, hell und freundlich. WLAN gratis.

Pershing Hall
49, Rue Pierre Charron,
Tel. (01) 58 36 58 00,
Metro: Charles de Gaulle Etoiles, www.pershinghall.com.
Das von Andrée Putman gestaltete Designhotel in einem Stadtpalast von Ende des 18. Jh. ist nach General Pershing benannt, der im Ersten Weltkrieg hier wohnte. Im Garten des Patio mit begrünten Mauern sind um die 300 Pflanzenarten zu bewundern. Eingerichtet hat ihn Patrick Blanc, bekannt durch die Mur végétal im Musée du Quai Branly.

Murano Urban Resort
13, Boulevard du temple,
Tel. (01) 42 71 20 00,
Metro: Filles du Calvaire,
www.muranoresort.com.
Das Fünf-Sterne-Designhotel gefällt einer jungen Klientel, die das Interieur und die fantasievollen Lichteffekte liebt. Es hat 52 zeitgenössisch und farbenfroh designte Gästezimmer und Suiten sowie einen Wellnessbereich mit Hamam.

Hotel Chopin
10, Boulevard Montmarte
(46, Passage Jouffroy),
Tel. (01) 47 70 58 10,
Metro: Richelieu-Drouot,
www.hotelchopin.fr. Das Haus stammt von 1846. Alle 36 Zimmer sind sehr ruhig, denn es liegt in der im selben Jahr errichteten Passage. Von der oberen Etage aus blickt man über die Dächer.

Hotel Crayon
25, Rue du Bouloi,
Tel. (01) 42 36 54 19,
Metro: Louvre-Rivoli,
www.hotelcrayon.com.
27 kreativ, teilweise mit antiken Möbeln modern und farbenfroh individuell gestaltete Zimmer im Haus eines Pariser Künstlers.

Amour
8, Rue Navarin,
Tel. (01) 48 78 31 80, Metro: Saint-Georges, www.hotelamourparis.fr. Sehr hübsches Designhotel mit großen Zimmern, gutem Restaurant, Bar und Terrasse im Pariser Osten, nicht weit von Pigalle.

Hotel du Petit Moulin
29–31, Rue de Poitou,
Tel. (01) 42 74 10 10, Metro: Filles du Calvaire, www.hoteldupetitmoulin.com. Die Rezeption dieses Designhotels im Marais war einmal die älteste Bäckerei der Stadt. Die 17 Zimmer sind sehr stilvoll und individuell.

La Belle Juliette
92, Rue du Cherche Midi,
Tel. (01) 42 22 97 40,
Metro: Saint-Germain-des-Prés, www.hotel-belle-juliette-paris.com. Ein Vier-Sterne-Hotel für Literaturliebhaber mit Lesebar. Die 43 Zimmer sind im Stil der Pariser Literatentreffs von Juliette Récamier, der »schönen Juliette«, eingerichtet. Designerin Anne Gelbard ist Modeschöpferin.

Londres Eiffel
1, Rue Augereau,
Tel. (01) 45 51 63 02, Metro: École Militaire, www.hotel-paris-londres-eiffel.com. Das Drei-Sterne-Hotel wurde einst für die Arbeiter am Eiffelturm erbaut. Es hat Zimmer mit verspieltem Charme und ein familiäres Ambiente.

Hotel Ermitage
42, Bis Rue Ermitage,
Tel. 01 46 36 23 44,
Metro: Jourdain, www.hoteldelermitage.fr. Das einfache recht preiswerte Hotel mit 24 Zimmern liegt nicht weit vom Ausgehviertel an der Bastille auf den Höhen von Ménilmontant. Am charmantesten ist der Blick über die Dächer Richtung Sacré-Cœur.

Hôtel du Nord – Le Pari Vélo
47, Rue Albert-Thomas,
Tel. 01 42 01 66 00, Metro: Jacques-Bonsergent, www.hoteldunord-leparivelo.com. Das günstige kleine Hotel mit 24 Zimmern in der Nähe des Canal du Martin verleiht kostenlos Fahrräder an die Gäste.

Restaurants

Le Grand Véfour
17, Rue du Beaujolais,
Tel. 01 42 965 627, Mo–Do 12.30–14, 20–21.30 Uhr, Fr 12.30–14 Uhr, Metro: Palais Royal, www.grand-vefour.com.

1 *Montmartre-Flair an der Place du Tertre.* – 2 *Paris-Besucher sollten sich ein klassisches Mittagsmenü gönnen, denn mittags ist das vornehme Speisen erschwinglicher.* – 3 *Die Patisserien verführen mit farbenfrohen Leckereien.*

Mit seinem antiken Dekor aus dem 18. Jahrhundert zählt das Restaurant im Palais Royal zu den anspruchsvollsten der Stadt. Hier waren Napoleon Bonaparte, Balzac und Victor Hugo Stammgäste. Sternekoch Guy Martin kaufte das Restaurant 2011, und die bisherige Küchenbrigade durfte bleiben.

L'Arpège
84, Rue de Varenne, Tel. (01) 47 05 09 06, Mo–Fr 12–15, 19.30–23 Uhr, Metro: Varenne, www.alain-passard.com. Das Drei-Sterne-Restaurant mit Art-déco-Intérieur gehört Alain Passard. Er ist für seine Gemüse-Kreationen berühmt. Die saisonalen Zutaten stammen aus drei eigenen »Küchengärten« in Frankreich.

L'Espérance
36, Rue de l'Université, Tel. (01) 42 01 22 91, Metro: Rue-du-Bac. In dem relativ teuren Viertel zwischen Universität und Musée d'Orsay ist das kleine, gemütliche Bistro eine Wohltat. Das liegt nicht nur an den stets frisch zubereiteten Gerichten, sondern auch am liebenswürdigen Service.

Mathusalem
5 bis Boulevard Exelmans, Tel. (01) 42 88 10 73, Mo–Fr 12–15, 19.30–23 Uhr, Metro: Exelmans. Viel Atmosphäre und eine sehr gute Tageskarte mit hausgemachter Qualitätsküche zu vernünftigen Preisen. Ein Sommelier empfiehlt den passenden Wein zum Essen.

Le Petit Boileau
98, Rue Boileau, Tel. (01) 42 88 59 05. Metro: Exelmans. Authentisches Bistro mit ambitionierter Küche aus dem Südwesten und sehr guten Weinen. Reservierung empfohlen.

Maison Angelina
226, Rue de Rivoli, Tel. (01) 42 60 82 00, Mo–Fr 7.30–19 Uhr, Sa, So bis 20.30 Uhr, Metro: Tuileries. Diese Traditionsadresse besteht schon seit 1903, damals noch unter dem Mädchennamen der Gründerin Angelina Rumpelmayer geführt. Hier gibt es die beste heiße Schokolade von Paris!

Tour d'Argent
15, Quai de la Tournelle, Tel. (01) 43 54 23 31, tgl. außer Di mittag und Mo, abends bis 22 Uhr, Metro: Pont Marie, www.latourdargent.com. Weltbekanntes Sterne-Restaurant.

Maxim's
3, Rue Royale, Tel. (01) 42 65 27 94, Di–Sa 19–23 Uhr, Metro: Concorde oder Madeleine, www.maxims-de-paris.com. Eines der berühmtesten Pariser Lokale im Art-déco-Stil.

Les Temps des Cerises
18, Rue de la Buttes-aux-Cailles, Tel. (01) 45 89 69 48, Mo–Fr 11.45–14.30, 19.30–23 Uhr, Sa 19.30–23.45 Uhr, Metro: Place d'Italie oder Corvisart. Dieses Restaurant mit traditioneller Bistro-Küche ist schon seit 30 Jahren beliebt. Es wird als Genossenschaft betrieben und hat ein kontaktfreudiges, familiäres Ambiente.

Le Violon d'Ingres
135, Rue Saint-Dominique, Tel. (01) 45 55 15 05, tgl. 12–14.30, 19–22.30 Uhr, Metro: École Militaire, www.maisonconstant.com. Die helle Luxusbrasserie des Küchenchefs Christian Constant hat einen neuen eleganten Look, inspiriert von den edlen Farben von Champignons und Wein.

Au Petit Sud Ouest
46, Avenue de la Bourdonnais, Tel. (01) 45 55 59 59, Mo–Fr 12–14.30, 19–23 Uhr, Metro: École Militaire, www.au-petit-sud-ouest.fr. Küchenchef Christian André ist bekannt für seine köstlichen Gerichte mit Foie gras (Gänseleber).

La Coupole
102, Boulevard du Montparnasse, Tel. (01) 43 20 14 20, tgl. Frühstück ab 8 Uhr, Küche 12–24 Uhr, Do–Sa bis 1 Uhr, Metro: Vavin, www.lacoupole-paris.com. Bekannte Brasserie.

Café de Flore
172 Boulevard Saint-Germain, Tel. (01) 45 48 55 26, Mo–So 7.30–1.30 Uhr, Metro: Saint-Germain-des-Prés, www.cafedeflore.fr. Spätestens durch Sartre und Simone de Beauvoir bekanntes Literatencafé.

Les Deux Magots
6, Place Saint-Germain-des-Prés, Tel. (01) 45 48 55 25, Metro: Saint-Germain-des-Prés, www.lesdeuxmagots.fr. Das Literatencafé bietet auch Frühstück.

1

2

Paris von A bis Z

Anreise

Mit dem Flugzeug:
Flugzeuge landen in Roissy-Charles de Gaulle (CDG), Paris-Orly (ORY) und Paris-Beauvais (BVA), 80 km von Paris. Informationen unter www.aeroportsdeparis.fr. Von Roissy-Charles de Gaulle und Paris-Orly kommt man mit der RER bequem ins Zentrum.

Mit dem Auto:
Aus Norddeutschland kommt man über Aachen und Belgien über die Autobahn A 1 (Autoroute du Nord), aus Süddeutschland und Österreich über die Autobahn A 4 (Autoroute de l'Est, aus der Schweiz über die Autobahn A 6 (Autoroute du Soleil) nach Paris, bezahlt allerdings Autobahngebühren. Das Tempolimit beträgt 130 km/h.

Mit der Bahn:
TGV und ICE aus Süddeutschland, Österreich und der Schweiz kommen an der Gare de l'Est an, der Thalys aus Köln an der Gare du Nord. Auskunft: www.thalys.de, www.deutschebahn.de, www.oebb.at, www.sbb.ch

Ärztliche Versorgung

Pharmacie Européenne. 6, Place de Clichy (24 Std. geöffnet), Metro: Place de Clichy
American Hospital in Paris. Privatkrankenhaus mit ärztlichem und zahnärztlichem Notfalldienst, der rund um die Uhr ansprechbar ist.
Tel. (01) 46 41 25 25, www.american-hospital.org, 63, Boulevard Victor Hugo, 92200 Neuilly-sur-Seine, Metro: Pont de Levallois – Bécon.

Diplomatische Vertretungen Deutschland

Konsularabteilung der Bundesrepublik Deutschland
28, Rue Marbeau,
Tel. (01) 53 83 45 00, Mo–Do 8.30–16.45 Uhr, Fr 8.30 bis 14 Uhr, Metro: Porte Maillot, www.paris.diplo.de,

Österreich
Konsulat der Republik Österreich, 6, Rue Fabert,
Tel. (01) 40 63 30 90, Mo–Fr 9–12 Uhr, Metro: Invalides, www.amb-autriche.fr,

Schweiz
Konsulat der Schweiz, 142, Rue de Grenelle,
Tel. (01) 49 55 67 00, Mo–Fr 9–12 Uhr, Metro: Varenne, www.eda.admin.ch

Feiertage und Feste

1. Januar: Neujahrstag; Ostermontag; 1. Mai: Tag der Arbeit; 8. Mai: Tag der Kapitulation 1945; Christi Himmelfahrt; Pfingstmontag; 14. Juli: Nationalfeiertag; Mariä Himmelfahrt; 1. November: Allerheiligen; 11. November: Jahrestag des Waffenstillstandes am Ende des Ersten Weltkriegs; 25. Dezember: 1. Weihnachtsfeiertag.

Geschäftszeiten

Montag bis Samstag von 9 bis 19 Uhr, im Zentrum zum Teil auch länger. Am Sonntag sind die großen Geschäfte an den Champs-Élysées von 12 bis 19 Uhr und die Läden im Marais von 11 bis 19 Uhr offen.

Märkte

Pariser Lebensqualität zeigt sich auch in der Vielfalt der rund 80 Märkte. Jedes Viertel hat seinen Markt, der frühmorgens beginnt und bereits um die Mittagszeit Preisnachlässe gewährt. An der Porte de Clignancourt/Saint Quen liegt das Eldorado für Trödelfans: Auf diesem insgesamt 15 Kilometer langen Flohmarkt-Labyrinth gibt es nichts, was es nicht gibt (Wochenende und Montag).

Museen/Sehenswürdigkeiten

Die meisten Museen öffnen um 9 Uhr oder 10 Uhr und schließen zwischen 17 Uhr und 18 Uhr. Ruhetage sind Montag oder Dienstag. Einige große Sehenswürdigkeiten wie der Eiffelturm sind täglich geöffnet. Viele Museen bieten wöchentlich einen Abend mit verlängerten Öffnungszeiten bis 21 oder 22 Uhr. In den Museen der Ville de Paris ist der Eintritt zu den ständigen Sammlungen an allen Tagen kostenlos. Die staatlichen Museen sind am ersten Sonntag im Monat kostenlos. Ermäßigungen gewährt der Paris City Passport (2–5 Tage, ab 25 €).

Notrufe

Feuerwehr: 18
Polizei: 17
Sanitäter (Unfälle): 15

1 *Paris ist seit Jahrhunderten eine der fotogensten Städte.* – 2 *Jugendstil-Metrostation à la Hector Guimard auf der Place des Abbesses.* – 3 *Modische Souvenirs vom Montmartre.*

Öffentliche Verkehrsmittel

Pläne des öffentlichen Verkehrsnetzes (www.ratp.fr) erhält man gratis an den Schaltern der Stationen und im Office du Tourisme de Paris, Metrotickets und praktische Carnets (zehn Fahrten) an Schaltern und Fahrkartenautomaten der Stationen und in Tabakläden.
Die Tickets und Tarife von Metro, Bus und der RER sind im Stadtgebiet identisch. Zahlreiche Buslinien führen durch das Zentrum, am Seineufer entlang oder durch historische Stadtviertel. Als Nachtbusse (Noctilien) stehen 47 Linien zur Verfügung; zwischen 0.30 und 5.30 Uhr. Acht neue Tramway-Projekte verbessern die Verbindung in die Vororte, und die Metrolinien 4 und 14 werden verlängert.

Rauchen

Rauchen ist in geschlossenen, öffentlichen Räumen und öffentlichen Verkehrsmitteln verboten. Restaurants haben getrennte Raucher- und Nichtraucherzonen.

Sicherheit

Wie in jeder Metropole kommt es vor allem in der Hauptsaison häufig zu Taschendiebstählen, man sollte also stets gut auf seine Wertsachen aufpassen. Die öffentlichen Verkehrsmittel und Bahnhöfe gelten dank mitfahrendem Security-Personal im Allgemeinen als sicher.

Stadtrundfahrten mit Bus und Boot

Bâteaux-Mouches
Einer der bekanntesten Anbieter von Flusskreuzfahrten in Paris; www.bateauxmouches.com oder unter Tel. 01 42 25 96 10.
Les Cars Rouges
Die knallroten Doppeldeckerbusse sind aus dem Stadtbild nicht mehr wegzudenken. Sie halten an neun Stellen im Zentrum; www.carsrouges.com

Telefon

Alle Telefonnummern haben zehn Ziffern und beginnen mit einer Null. Die Vorwahl von Paris und der Île-de-France ist 01. Mobilvorwahlnummern beginnen mit 06. Gespräche ins Ausland: internationale Vorwahl 00; Ländercode und Ortsvorwahl ohne Null.
Die öffentlichen Telefone funktionieren nur mit Bankkarte oder Telefonkarten, erhältlich in Supermärkten. Mobiltelefon: Die Gebühren sind je nach örtlichem Netz sehr unterschiedlich. Am besten erkundigt man sich vorher beim heimischen Anbieter.

Tourismusorganisationen und -informationen

Office du Tourisme et des Congrès de Paris
25, Rue des Pyramides, Mo–Sa 10–19 Uhr, Tel. 08 92 68 30 00, Metro: Pyramides, www.parisinfo.com
11, Rue Scribe, Mo–Sa 9–18.30 Uhr, Metro: Gare de Lyon
20, Boulevard Diderot, Mo–Sa 8–18 Uhr, Metro: Gare du Nord

Hilfreiche Websites

www.parisinfo.com (Fremdenverkehrsamt Paris)
www.paris.fr (Stadt Paris)
www.rendezvousenfrance.com (Atout France)
www.paris-ile-de-france.com (Region Île de France)
http://spectacles.premiere.fr (Veranstaltungshinweise des Stadtmagazins *Pariscope*)
www.timeout.com/paris (Stadtmagazin mit Tipps, Veranstaltungen etc. auf Englisch)
Die französischen Tageszeitungen veröffentlichen jede Woche eine Sonderbeilage für das gesamte Pariser Kulturangebot.

Wetter

Wettervorhersagen bis zu sieben Tagen für Paris und die Île de France, auch auf Englisch: www.meteo-paris.com

WLAN

Mehr als 400 öffentliche Plätze in Paris sind mit kostenlosem WLAN ausgestattet. Schilder weisen auf entsprechende Hotspots hin. Mehr Infos gibt es unter www.paris.fr/wifi.

Zeitungen und Zeitschriften

Die internationale Presse ist an den Zeitungskiosken der Bahnhöfe und Flughäfen präsent.

Register

Orts- und Sachregister

Académie française 73
Arc de Triomphe 62, 137
Arc de Triomphe du Carrousel 147
Art déco 25, 57
Au Printemps 22
Auteuil 138

Banlieus 21
Bastille 112 ff.
Belleville 118, 121
Bercy 127
Bibliothèque Nationale de France – Site François Mitterrand 125
Bois de Bologne 138
Boulevard Saint-Germain 25
Bouquinisten 34

Café de Flore 25, 49, 50
Café des Deux Moulins 98
Cancan 105
Centre Pompidou 82 ff.
Chaillot 138
Champ de Mars 133
Champs-Élysées 60 ff.
Chanel 74
Cimetière du Père Lachaise 26, 121, 122, 147
Cimetière Montparnasse 54, 57
Cité de l'Architecture et du Patrimoine 142
Collège de France 38
Conciergerie 30, 33
Crillon 66

Dior 74

E
École Militaire 133
Eiffelturm s. Tour Eiffel

F
Fauchon 69
Finkelsztajn 88
Fondation Le Corbusier 129, 142
Forum des Halles 22
Französische Revolution 30, 73

Galerie Colbert 109
Galerie Vivienne 109
Galeries Lafayette 22
Gare d'Orsay 18, 53
Grand Palais 65
Grande Arche 137
Grandes Écoles 38

Hédiard 69
Hôtel de Sully 87
Hôtel de Ville 92
Hôtel des Invalides 130
Hôtel Salée 88

Île de la Cité 28 ff.
Institut du Monde Arabe (IMA) 37
Invalidendom 128 ff.

Jardin du Luxembourg 45
Jardins du Trocadéro 144

La Butte-aux-Cailles 50
La Coupole 25, 57
La Défense 21, 137
La Durée 62
La Grande Arche de la Fraternité 62
La Madeleine 66
La Rotonde 57
Les Deux Magots 25, 49, 50
Librairie Ancienne et Moderne 111
Louvre 14, 18, 54, 60 ff., 70, 146

Marais 22, 82 ff., 88
Markthallen 54
Métro Arc Express 21
Mona Lisa 73, 74
Montmartre 96 ff., 147, 153
Montparnasse 25, 44 ff., 147
Moulin Rouge 26, 96, 105
Musée Cluny 49
Musée d'Orsay 21, 53, 146
Musée de l'Histoire de France 88
Musée de l'Homme 142
Musée de la Marine 142
Musée de Montmartre 101
Musée des Arts et Civilisation (MAC) 21
Musée di Quai Branly 21
Musée du Carnavalet 91
Musée Grévin 111
Musée Picasso 88

Neuilly 138
Nike von Samothrake 73
Notre-Dame 12, 29, 34

Obelisk von Luxor 66
Opéra Bastille 92, 117
Opéra Garnier 81, 149

Palais de Chaillot 142
Palais de Justice 30
Palais de l'Élysée 65
Palais Royal 109
Panthéon 38, 41, 42
Parc de Buttes-Chaumont 97, 113
Paris-Rive-Gauche 112 ff., 125
Passage Jouffroy 109, 111
Passage Verdeau 106
Passerelle Simone de Beauvoir 126
Passy 138
Petit Palais 65
Place Blanche 105
Place de l'Alma 138
Place de la Bastille 113
Place de la Concorde 66, 92, 155
Place de la Madeleine 66
Place des Abbesses 153
Place des Vosges 87
Place du Châtelet 18
Place du Tertre 26, 151
Place Pigalle 121
Place Saint-Sulpice 59
Place Vendôme 74
Pont au Change 30

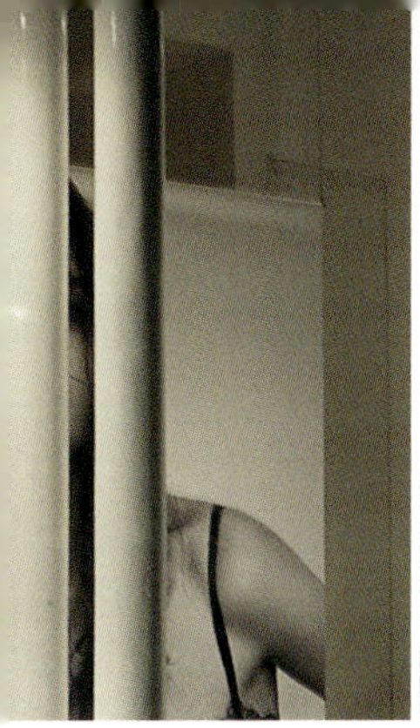

3

1 *Selbst der Zaun, der Versailles umgibt, wirkt königlich.* 2 *»Und ewig lockt das Weib« – die Pose erinnert an Roger Vadims Film, der Brigitte Bardot berühmt machte.* – 3 *Die Brunnenskulpturen an der Place de la Concorde stammen von dem Kölner Jakob Ignaz Hittorf (1792–1867).*

Pont de Neuilly 137
Pont Saint-Michel 147
Port Plaisance de Paris Arsenal 117

Quartier Latin 28 ff., 37, 38

Revue 104, 106
Ritz 77, 78
Rue de Rivoli 92
Rue des Rosiers 91
Rue Royal 69

Sacré-Cœur 26, 96 ff., 102, 147
Saint-Germain 44 ff.
Saint-Germain-des-Prés 49, 50
Saint-Germain-l'Auxerrois 92
Saint-Pierre-de-Montmartre 102
Saint-Sulpice 59
Sainte-Chapelle 29, 30, 33, 146
Sainte-Etienne du Mont 38
Sakrileg (Roman) 59, 70
Seine 147
Sorbonne 37, 41
Square Willette 98

Théâtre du Rond-Point 65
Théâtre Grévin 111
Théâtre Marigny 65
Tour Eiffel 133, 148, 66, 146
Tour Montparnasse 45, 129
Triumphbogen s. Arc de Triomphe
Venus von Milo 70
Versailles 73, 148, 155

Personenregister

Agnelli, Gianni 50
Apollinaire, Guillaume 49
Aragon, Louis 49

Baker, Josephine 49
Balzac, Honoré de 122, 125
Bardot, Brigitte 50, 155
Baudelaire, Charles 54, 57
Beauvoir, Simone de 45, 57
Belmondo, Jean Paul 50
Brunhoff, Jean de 122

Chagall, Marc 25, 81, 149
Chanel, Coco 77, 138
Chirac, Jacques 37
Chopin, Frédéric 122
Coelho, Paulo 50
Constantine, Eddie 122
Coppola, Francis Ford 50

d'Arc, Jeanne 92
da Vinci, Leonardo 70, 73
Danton 30, 66
Dalí, Salvador 45, 50
Delanoë, Bertrand 137
Deneuve, Cathérine 50
Dietrich, Marlene 138
Dior, Christian 138
Dumas, Alexandre der Ältere 41

Eiffel, Gustave 18, 105, 134
Escoffier, Auguste 25

Feichtinger, Dietmar 127
Fonda, Jane 50
Foucault, Jean Bernard Léon 41

Gainsbourg, Serge 50, 57
Garnier, Charles 18
Gaulle, Charles de 142
Gaultier, Jean Paul 22
Guy de Maupassant 18

Hemingway, Ernest 25, 46, 77
Hugo, Victor 26, 41, 88

Koechlin, Maurice 18, 137

Lady Di
Lagerfeld, Karl 50
Le Corbusier 142
Louis XV. 65
Louis XVI. 66, 73, 88

Malet, Léo 49
Marie-Antoinette 30, 66
Marquise de Pompadour 133
Mitterrand, François 37, 54, 73, 125
Modigliani, Amedeo 122
Montaigne, Michel de 138
Morrison, Jim 125
Moulin, Jean 41

Napoleon Bonaparte 46, 73, 92, 133
Napoleon III. 18
Nouvel, Jean 21, 37

Pei, Ieoh Ming 18, 73
Piaf, Édith 118, 121
Picasso, Pablo 45, 49
Pompidou, Georges 84
Proust, Marcel 77, 125
Pückler-Muskau, Hermann 118

Renoir, Auguste Pierre 101
Richelieu 38
Robespierre 30, 66
Rousseau, Jean-Jacques 41

Sade, Marquis de 114
Saint-Exupéry, Antoine de 50
Saint-Laurent, Yves 50
Saint-Phalle, Niki de 84
Sarkozy, Nicolas 21
Sartre, Jean-Paul 25, 45, 57
Signoret, Simone 122
Sorbon, Robert de 38

Tinguely, Jean 84
Toulouse-Lautrec,
Henri de 97, 102
Twain, Mark 25

Valentino, Rudolfo 77
Viollet-le-Duc, Eugène 30, 34
Voltaire 41, 114

Wilde, Oscar 125

Zola, Émile 41

Impressum

Die Fotografen

Norbert Kustos, geb. 1957, beschäftigte sich nach seinem Studium der Germanistik und der Geschichte intensiv mit der Fotografie. Der professionelle Bildjournalist mit dem Themenschwerpunkt Europa hat über 100 Kalender und viele Bildbände veröffentlicht. Für Paris schlägt sein Herz, auch wenn er sich in seiner Heimat bei Karlsruhe aufhält.

Ernst Wrba, geb. 1956, studierte Foto-Design und ist seit 1983 als freier Fotograf im Bereich Werbung, Industrie, Architektur und Tourismus tätig. Sein Bildarchiv ist spezialisiert auf Reisethemen. Er veröffentlichte zahlreiche Reiseführer und Kalender sowie über 30 Bildbände. Er lebt seit 2005 in Wiesbaden. Weitere Infos unter: www.ernstwrba.de.

Die Autorin

Annette Meisen studierte Kommunikationsdesign und arbeitete als mehrfach ausgezeichnete Designerin im In- und Ausland. Durch ein Zweitstudium der Kunstgeschichte kann sie ihre Leidenschaften für Kunst, Kultur und Reisen verbinden und ist nun in ihrem Traumberuf als Reisebuchautorin tätig. Sie blickt auf viele Veröffentlichungen zurück.

Bildnachweis

Norbert Kustos, Malsch: S. 2/3, 6/7, 8/9, 19 o., 20 o., 22, 23, 24 o., 24 u., 25 M., 27, 28/29, 30, 31 u., 32, 34 M., 34 u., 35 o., 35 u., 36 o., 39 o., 39 u., 40, 41 o., 41 M., 41 u., 42/43, 44/45, 46, 47 o., 49, 50 o., 51, 56 u., 58 o., 60/61, 63 o., 64 o., 64 u., 66 o., 67 o., 67 u., 69, 70, 71 o., 73 o., 73 M., 74, 75, 76 u., 77 o., 77 u., 80 o., 80 u., 81 o., 81 u.l., 81 u.r., 82/83, 85 o., 85 u., 86 u., 87, 88 u., 89 o., 89 u.l., 89 u.r., 90, 91, 92, 96/97, 100, 104, 105, 108 u., 109 o., 109 M., 109 u., 110 o., 110 u., 111 o., 111 u.l., 114, 116 u., 117, 118 o., 118 u., 119 o., 119 u., 120 o., 120 u., 122, 123 o., 123 u.l., 123 u.M., 123 u.r., 124 o., 124 u., 125 o., 125 M., 125 u., 126/127, 128/129, 130, 131 o., 131 u., 132 o., 132 u., 133, 134 o., 134 M., 136 o., 136 u.; Ernst Wrba: S. 5, 12/13, 14/15, 16/17, 18, 19 u., 20 u., 21, 25 o., 25 u., 26, 31 o., 33, 34 o., 36 u., 37, 38, 47 u., 50 u., 52, 53 o., 53 M., 53 u., 54, 55, 57, 62, 63 u., 65, 66 M., 68, 71 u., 72 o., 73 u., 76 o., 77 M., 84, 86 o., 88 o., 88 M., 93, 95 o., 98, 99 o., 99 u., 101, 102 o., 102 M., 102 u., 103 u., 106, 107 o., 107 u., 108 o., 111 u.r., 118 M., 134 u., 135, 137, 138, 140 o., 140 u., 141, 142 M., 146, 146/147, 147, 148, 148/149, 149, 150, 150/151, 151, 152, 152/153, 153, 154, 154/155, 155, 158/159; GlowImages, München: S. 142 u. (Eye Ubiquitous), 112/113 (Haines, D.), 48, 72 u. (ImageBroker), 94 u. (Lubenow, S.), 95 u. (Mutoush, Y.), 116 o. (Pinheira, C.), 139 (SuperStock); laif, Köln: S. 78/79 (Schmid, D.); Picture Alliance, Frankfurt a.M.: S. 50 M. (Dee, S.), 59 o. (Eibner-Pressefoto); Shutterstock (www.shutterstock.com): S. 143 (afotoshop), 94 o. (Budnikov, M.), 122 (Carlsen, C.), 142 o. (fritz16), 59 u.r. (jorisvo), 66 u. (Kiev, V.), 144/145 (Morpurgo, L.), 103 o. (Nightman1965), 115 (ostill), 58 u. (Pack-Shot), 59 u.l. (Sedmakova, R.), 56 o. (Tupungato)

S. 2/3: Detail in der Unterkapelle von Sainte-Chapelle.
S. 5: Alle Wege führen zum Eiffelturm …
S. 6/7: Auf der Place de la Concorde.
S. 8/9: Relief am Triumphbogen.
S. 158/159: Blick über die nächtliche Stadt.

Umschlag

Vorderseite: Ausflugsschiff auf der Seine vor grandioser Kulisse (Bildagentur Huber, Garmisch-Partenkirchen/Kremer, S.)
Rückseite: Stilvoll shoppen in der überdachten Passage des Panoramas (Kustos, N.)

Für Hinweise und Anregungen sind wir jederzeit dankbar. Bitte richten Sie diese an:
Bruckmann Verlag
Postfach 40 02 09
D-80702 München
E-Mail: lektorat@bruckmann.de

Produktmanagement: Stephanie Iber
Redaktionelle Bearbeitung: Petra Sparrer, Köln
Korrektorat: Anke Höhne, München
Layout: graphitecture book, Rosenheim
Kartografie: Astrid Fischer-Leitl, München
Umschlaggestaltung: Ulrike Huber, www.uhu-design.de, Kolbermoor
Repro: Repro Ludwig, Zell am See
Herstellung: Bettina Schippel, Anna Katavic
Printed in Slovenia by Florjancic

Die Deutsche Nationalbibliothek verzeichnet diese Publikation in der Deutschen Nationalbibliografie; detaillierte bibliografische Daten sind über http://dnb.d-nb.de abrufbar.

ISBN 978-3-7654-5418-9

In gleicher Reihe erschienen ...

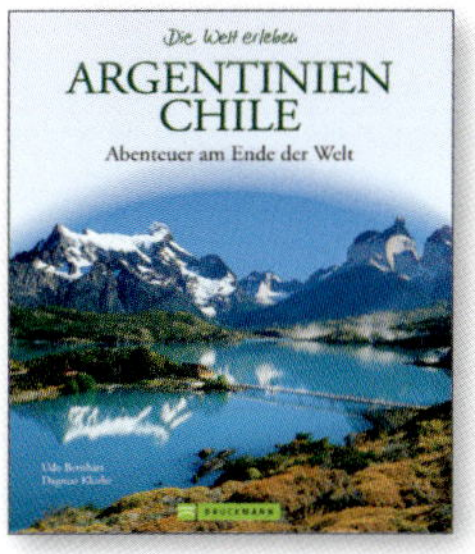

ISBN 978-3-7654-5645-9

ISBN 978-3-7654-5854-5

ISBN 978-3-7654-6052-4

ISBN 978-3-7654-5644-2

ISBN 978-3-7654-6025-8

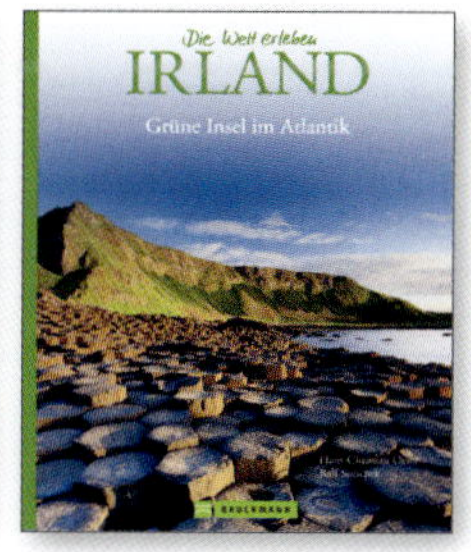

ISBN 978-3-7654-5371-7

ISBN 978-3-7654-5853-8

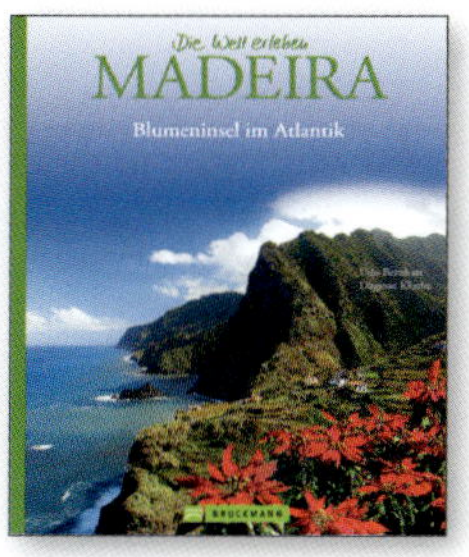

ISBN 978-3-7654-6163-7

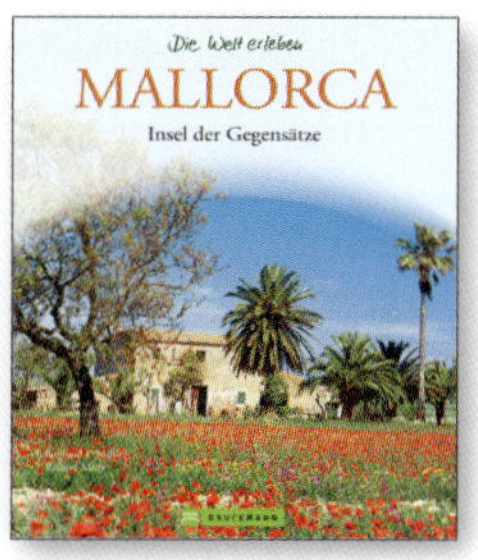

ISBN 978-3-7654-5647-3

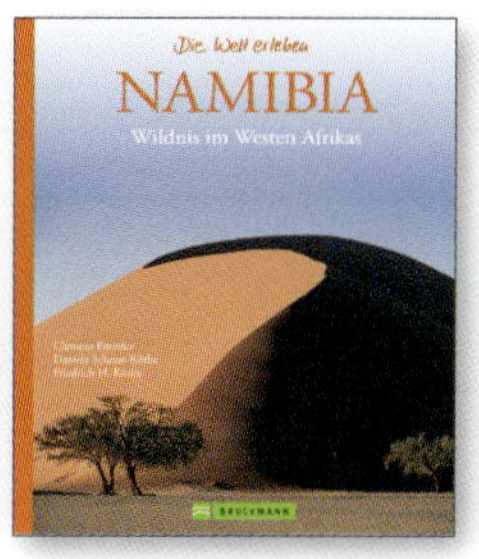

ISBN 978-3-7654-6026-5

ISBN 978-3-7654-5643-5

ISBN 978-3-7654-5821-7

ISBN 978-3-7654-5535-3

ISBN 978-3-7654-5646-6

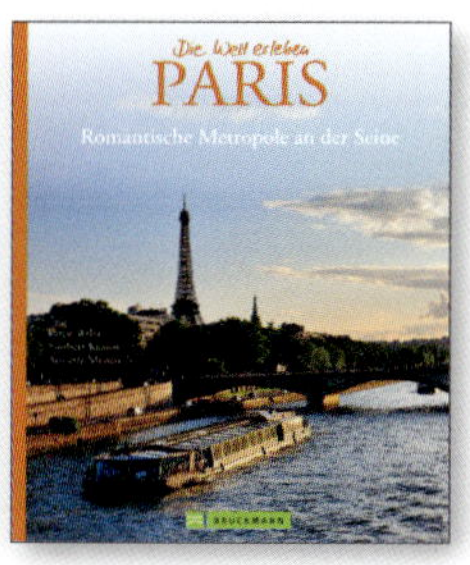

ISBN 978-3-7654-5418-9

ISBN 978-3-7654-5649-7

ISBN 978-3-7654-5372-4

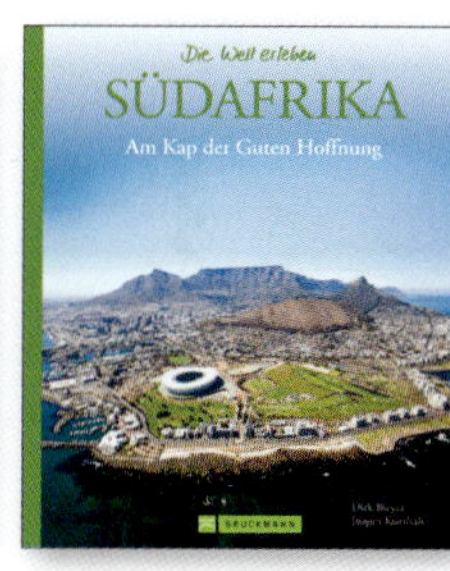

ISBN 978-3-7654-6051-7

ISBN 978-3-7654-6053-1

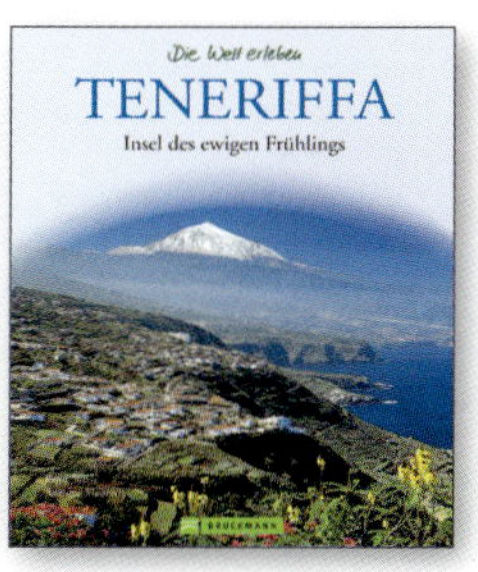

ISBN 978-3-7654-5642-8

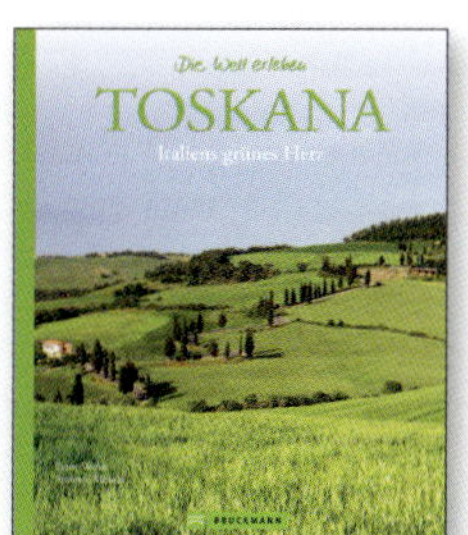

ISBN 978-3-7654-5648-0

ISBN 978-3-7654-6055-5

ISBN 978-3-7654-5865-1

BRUCKMANN

www.bruckmann.de